MAGASIN THÉATRAL

PIÈCES NOUVELLES

JOUÉES SUR TOUS LES THÉATRES DE PARIS.

THÉATRE DU VAUDEVILLE.

LES ÉTOILES,

OU LE VOYAGE DE LA FIANCÉE

Vaudeville fantastique en 3 actes et 6 tableaux, par MM. E. Grangé, Saint-Yves et X. de Montépin.

PARIS.

ADMINISTRATION DE LIBRAIRIE THÉATRALE,

Boulevart Saint-Martin, 12.

ANCIENNE MAISON MARCHANT.

1850

L'ALCHIMISTE, drame 5 actes, par Alex. Dumas.
ANGO, drame en 5 actes, F. Pyat.
L'APPRENTI, ou l'Art de faire une Maîtresse, vaudeville en 1 acte.
ATAR-GULL, drame en 5 actes.
LES AVOUÉS EN VACANCES, com.-vaud. en 2 a.
L'AUBERGE DE LA MADONE, drame en 5 actes.
L'AUMONIER DU RÉGIMENT, vaudeville en 1 acte.
LA BERLINE DE L'ÉMIGRÉ, drame en 5 actes.
LES BRIGANDS DE LA LOIRE, drame en 5 actes.
LA BICHE AU BOIS, féerie.
BRELAN DE TROUPIERS (le).
LE CABARET DE LUSTUCRU, vaudeville en un acte.
CHEVAL DE BRONZE, opéra-comique de Scribe.
LES CHAUFFEURS, drame en 5 actes.
LE CHATEAU DE VERNEUIL, drame en 5 actes.
LE CHATEAU DE SAINT-GERMAIN, drame en 5 actes.
LE CHEF-D'ŒUVRE INCONNU, drame en un acte.
LES CHIENS DU MONT SAINT-BERNARD.
CROMWELL ET CHARLES 1er, drame en 5 actes.
CALIGULA, tragédie en 5 actes, par Alex. Dumas.
CALOMNIE (la), com. en 5 actes, par Scribe.
CHAMBRE ARDENTE (la), 5 a., Bayard, Mélesville.
CHRISTINE A FONTAINEBLEAU, drame, par Frédéric Soulié.
LE CANAL SAINT-MARTIN, drame en 5 actes.
CHEVAUX DU CARROUSEL, drame en 5 actes.
CHEVALIER DE St-GEORGES (le), c.-v., 3 actes.
CHEVALIER DU GUET (le), comédie en 3 actes.
CHRISTOPHE LE SUÉDOIS, drame en 5 actes.
LE COMMIS ET LA GRISETTE, vaudeville 1 acte.
LES COMPAGNONS ou la Mansarde de la Cité, drame en 5 actes.
DEUX SERRURIERS (les), dr. 5 actes, F. Pyat.
LES DEMOISELLES DE SAINT-CYR, drame en 5 actes, par Alex. Dumas.
LES DEUX DIVORCES, vaudeville en un acte.
LA DEMOISELLE MAJEURE, vaudeville en 1 acte.
LA DOT DE SUZETTE, drame en 5 actes.
LE DOIGT DE DIEU, drame en un acte.
DON JUAN DE MARANA, par Alexandre Dumas.
DIANE DE CHIVRY, drame, par Frédéric Soulié.
LA DUCHESSE DE LA VAUBALIÈRE, drame 5 actes.
L'ÉLÈVE DE SAINT-CYR, dr. 5 actes.
EN PÉNITENCE.
L'ÉCLAT DE RIRE, drame en 3 actes.
LES ENFANTS D'ÉDOUARD, par Casimir Delavigne.
LES ENFANTS DE TROUPE, vaudeville en 2 actes.
LES ENFANTS DU DÉLIRE, vaudeville en 2 actes.
ESTELLE, comédie, par Scribe.
ÊTRE AIMÉ OU MOURIR, idem.
EULALIE GRANGER, drame en 5 actes.
EN SIBÉRIE, drame en 3 actes.
LA FAMILLE MORONVAL, drame en 5 actes.
LA FAMILLE DU FUMISTE, vaudeville en 2 actes.
LA FILLE DE L'AVARE, comédie-vaud. 2 actes.
LA FILLE DE L'AIR, féerie en 3 actes 11 tableaux.
LES FILETS DE SAINT-CLOUD, drame en 5 actes.

FRANÇOIS 1er, drame en 5 actes.
FRÉTILLON, comédie vaudeville en 3 actes.
LA FIOLE DE CAGLIOSTRO, vaudeville en 1 acte.
FORTE-SPADA, drame en 5 actes.
FABIO LE NOVICE, drame en 5 actes.
LE FILS DE LA FOLLE, drame en 5 actes, par M. Frédéric Soulié.
LA FILLE DU RÉGENT, com. 5 actes, A. Dumas.
GASPARD HAUSER, drame en 5 actes.
LE GARS, drame en 5 actes.
LA GAZETTE DES TRIBUNAUX, vaudeville 1 acte.
GENEVIÈVE DE BRABANT, mélodrame en 4 actes.
LES GARÇONS DE RECETTE, drame en 5 actes.
LA GRAND'-MÈRE ou 3 amours, 3 actes, Scribe.
HALIFAX, comédie en 3 actes, par Alex. Dumas.
L'HONNEUR DANS LE CRIME, drame en 5 actes.
L'HONNEUR DE MA MÈRE, drame en 3 actes.
[...] et CHARLEMAGNE, vaudeville en 1 acte.
INDIANA, drame en 5 actes.
LES IMPRESSIONS DE VOYAGE, vaudeville 2 actes.
GABRIEL à la recherche d'un père, Scribe.
JACQUES LE CORSAIRE, drame en 5 actes.
JACQUES CŒUR, idem.
JEANNE DE FLANDRE, drame en 5 actes.
JEANNE DE NAPLES, idem.
JEANNE HACHETTE, drame en 5 actes.
JE SERAI COMÉDIEN, comédie en 1 acte.
LESTOCQ, opéra comique en 3 actes, par Scribe.
LA LECTRICE, comédie-vaudeville en 2 actes.
LÉON, drame en 5 actes.
LUCIE, drame en 5 actes.
LOUISETTE ou la chanteuse des rues, c.-v., 2 a.
LOUISE BERNARD, drame 5 actes, Alex. Dumas.
LE LAIRD DE DUMBIKI, par Alex. Dumas.
LORENZINO, drame, par Alex. Dumas.
LA LESCOMBAT, drame en 5 actes.
MARINO FALIERO, tragédie en 5 actes, par Casimir Delavigne.
MARIE, comédie en 5 actes, par Mme Ancelot.
LE MARI DE LA VEUVE, comédie en 1 acte, par Alex. Dumas.
MARGUERITE D'YORK, drame en 5 actes.
MARGUERITE DE QUÉLUS, idem.
MARGUERITE, vaud. en 3 actes, par Mme Ancelot.
MATHIAS L'INVALIDE, comédie-vaudev. 2 actes.
MADAME ET MONSIEUR PINCHON, vaud. 1 acte.
[...], drame en 5 actes.
LA MAITRESSE DE LANGUES, vaudeville en 1 acte.
LA MARQUISE DE SENNETERRE, comédie 3 actes.
MATHILDE, ou la Jalousie, comédie-vaud. 2 actes.
MONSIEUR ET MADAME GALOCHARD, v. 1 acte.
MURAT, drame en 5 actes et 16 tableaux.
LE MARI DE LA DAME DE CHŒURS, vaud. 2 actes.
LA MARQUISE DE PRÉTINTAILLE, vaud. 1 acte.
MADELEINE, dr. 5 actes, A. Bourgeois et Albert.
LE MANOIR DE MONTLOUVIERS, drame 5 actes.
LA MAIN DROITE ET LA MAIN GAUCHE, drame en 5 actes, par Léon Gozlan.

LES ÉTOILES

OU LE VOYAGE DE LA FIANCÉE,

VAUDEVILLE FANTASTIQUE EN TROIS ACTES ET SIX TABLEAUX,

PAR MM.

E. GRANGÉ, SAINT-YVES ET X. DE MONTÉPIN,

REPRÉSENTÉ, POUR LA PREMIÈRE FOIS, A PARIS, SUR LE THÉATRE DU VAUDEVILLE, LE 11 NOVEMBRE 1850.

PERSONNAGES.	ACTEURS.	PERSONNAGES.	ACTEURS.
LA REINE DES ETOILES.	Mmes HORTENSE.	UN SERGENT	DESPLACES.
LA BONNE ETOILE	OCTAVE.	UN PECHEUR	BASTIEN.
LA MAUVAISE ETOILE	ALINE.	DEUX PAYSANS	{ ROGER. SELLIER.
L'ETOILE DU MARIN	VIETTE.		
L'ETOILE DU BERGER	VIRGINIE MERCIER.	UN SALTIMBANQUE	ROGER.
L'ETOILE DU SOIR	GALLOIS.	UN MARCHAND DE MACA-	
L'ETOILE DU MATIN	CLORINDE.	RONS	SELLIER.
LA BELLE ETOILE	VALENTIN.	2 AUTRES MARCHANDS	{ CHARLES. FRANCIN.
ESTELLE, jeune paysanne	CICO.		
GUIDAMOUR, dragon	MM. RÉNÉ LUGUET.	UN VOLEUR	SELLIER.
CÉSAIRE, jeune marin	LAGRANGE.	UN PATISSIER	HENRY.
PIQUOISEAU, parrain d'Es-		UN MONSIEUR	BASTIEN.
telle	CONSTANT.	UNE DAME	Mlle PAZZA.

ETOILES, PÊCHEURS, GARÇONS DE FERME, PROMENEURS, GARDES NATIONAUX.

ACTE PREMIER.

Premier Tableau.

LE ROYAUME DES ÉTOILES.

Au ciel ; de tous côtés, des nuages,

SCÈNE PREMIÈRE.

LA BONNE ÉTOILE, LA MAUVAISE ÉTOILE. (*Au lever du rideau, la Bonne Étoile, à gauche, est occupée à regarder vers la terre au moyen d'une lorgnette ; la Mauvaise Étoile en fait autant à droite.*)

LA BONNE ÉTOILE, *regardant.* Encore là ! les yeux tournés vers le point du ciel où j'ai coutume de briller le soir... me cherchant au milieu de ces gros vilains nuages qui me dérobent à sa vue... Pauvre petite !...

LA MAUVAISE ÉTOILE, *prenant sa lorgnette pour regarder de son côté.* Sachons donc ce que devient ce jeune marin que je persécute !... Ah ! ah ! il est en mer... et par un bien mauvais temps !... Bon !

LA BONNE ÉTOILE, *lorgnant.*

AIR *d'Henrion.*

Son doux regard respire
La foi (*Bis*),

LA MAUVAISE ÉTOILE, *lorgnant aussi.*
Dans ses yeux je crois lire
L'effroi (*Bis*),

LA BONNE ÉTOILE.
C'est moi, son espérance,
Qu'elle bénit,

LA MAUVAISE ÉTOILE.
De sa mauvaise chance,
Il me maudit !

(*Apercevant la Bonne Étoile.*) Oh ! la Bonne Etoile, ma rivale ! il ne faut pas qu'elle se doute... (*Elle cache sa lorgnette.*)

LA BONNE ÉTOILE, *même jeu.* Oh ! la Mauvaise Etoile, mon ennemie ! qu'elle ne soupçonne pas... (*Elle cache aussi sa lorgnette.*)

LA MAUVAISE ÉTOILE, *s'approchant d'elle et en souriant.* Que faisiez-vous donc là, Bonne Etoile, ma chère ?

LA BONNE ÉTOILE. Moi? rien! mais vous-même ?...

LA MAUVAISE ÉTOILE. Mon Dieu! rien non plus... je flânais pour passer le temps.

LA BONNE ÉTOILE. Oh! le fait est qu'aujourd'hui nous n'avons à peu près que cela à faire. Par un pareil brouillard...

LA BONNE ÉTOILE. Il est impossible de montrer seulement le bout de son nez !... Aussi notre reine nous a dispensées de tout service jusqu'à nouvel ordre... Et tenez, voici les Etoiles, nos compagnes, qui se promènent comme nous,

SCÈNE II.

LES MÊMES, L'ETOILE DU MARIN, L'ETOILE DU BERGER, L'ÉTOILE DU SOIR, LA BELLE ETOILE.

CHŒUR DES ÉTOILES.

AIR : *Introduction de la Filleule des fées.*

Comment, hélas ! nous distraire?
Vraiment, c'est à n'y pas tenir,
Qu'imaginer et que faire ?
Nous ne savons que devenir !

L'ÉTOILE DU MARIN.

Quel ennui !... c'est à rendre l'âme !

L'ÉTOILE DU BERGER.

Ne pouvoir même scintiller !

LA BELLE ÉTOILE.

Quoique étoile on est un peu femme...

L'ÉTOILE DU SOIR.

Le seul plaisir est de briller,

ENSEMBLE.

Comment, hélas! nous distraire? etc.

L'ÉTOILE DU BERGER *. Ah ça, mesdemoiselles, au lieu de nous lamenter, il s'agirait plutôt de chercher quelque amusement.

TOUTES. Oui ! oui ! elle a raison.

L'ÉTOILE DU BERGER. C'est pour cela que moi, l'Etoile du Berger, je vous ai donné rendez-vous... Voyons, sommes-nous toutes réunies ? (*Les indiquant les unes après les autres.*) L'Etoile du Marin, l'Etoile du Soir, la Belle Etoile, la Bonne, la Mauvaise Étoile.

L'ÉTOILE DU MARIN, *qui a compté.* Nous sommes au complet...

L'ÉTOILE DU SOIR. Au complet !... un instant! il manque l'une de nous.

TOUTES. Qui donc ?

L'ÉTOILE DU SOIR. L'Etoile du Matin.

* L'Etoile du Soir, l'Etoile du Berger, la Mauvaise Etoile, la Belle Etoile, la Bonne Etoile, l'Etoile du Matin.

LA BELLE ÉTOILE. Oh! quant à celle-là, tu sais bien qu'elle a des habitudes peu sociables.

L'ÉTOILE DU MARIN. Elle n'est jamais avec nous... Quand nous allons nous coucher, elle se lève.

L'ÉTOILE DU SOIR. Et *vice versa.*

LA BELLE ÉTOILE. Dans ce moment elle est en train de se reposer, après avoir fait sa faction, faction bien inutile, par parenthèse.

TOUTES. C'est vrai !

L'ÉTOILE DU BERGER. Tâchons donc, comme toujours, de nous passer d'elle... Toi d'abord, Bonne Etoile, quelle distraction proposes-tu?

LA BONNE ÉTOILE. Moi?.. oh ! je ne m'ennuie pas... je songe à faire du bien, ça m'occupe !

L'ÉTOILE DU MARIN. Alors à ton tour, Mauvaise Etoile.

LA MAUVAISE ÉTOILE. Moi, je pense à faire du mal ; ça m'amuse.

L'ÉTOILE DU BERGER. Il faudrait pourtant trouver quelque autre chose... Etoile du Soir, toi qui présides plus particulièrement aux spectacles, aux bals, aux fêtes, tu n'es pas sans connaître quelque jeu nouveau ?

L'ÉTOILE DU SOIR. Certainement, et j'offre une partie de lansquenet

TOUTES. Une partie de lansquenet ?

L'ÉTOILE DU BERGER. Qu'est-ce que c'est que ça ?

L'ÉTOILE DU SOIR. Un jeu très à la mode.

L'ÉTOILE DU MARIN. Bah ! laisse-nous donc avec ton lansquenet. J'y ai joué l'autre jour avec une petite Etoile que je croyais des plus innocentes... savez-vous ce qu'elle a fait ?

TOUTES. Non... quoi donc ?

L'ÉTOILE DU MARIN. Elle a filé !

TOUTES. Filé ?

L'ÉTOILE DU MARIN. Sans me payer !... A qui se fier, grand Dieu ! si l'on voit des Etoiles faire des trous à la lune !

LA BONNE ÉTOILE. Tiens ! comme à Paris, donc !

AIR *du Ballet des Pierrots.*

Ce lion dont, au club, on vante
Les grands airs, les chevaux fringants ;
Et cette femme étincelante
De rubis et de diamants ;
Lorsque les créanciers défilent,
Quand vient l'époque du loyer,
Ce sont des étoiles qui filent,
Qui filent, filent sans payer.

ENSEMBLE.

Ce sont des étoiles qui filent,
Qui filent, filent sans payer, etc.

LA MAUVAISE ÉTOILE. Ah ! mesdemoiselles, à propos d'étoiles filantes, il me vient une idée !..

TOUTES. Laquelle ?... laquelle ?...

LA MAUVAISE ÉTOILE. Puisque nous n'avons rien à faire au ciel, si nous demandions à notre reine la permission d'aller sur terre.

TOUTES. Ah ! oui !... oui !... bravo !

L'ÉTOILE DU SOIR, *qui regarde à droite.* Justement, elle se dirige de ce côté, précédée de ses satellites.

SCÈNE III.

LES MÊMES, LA REINE, *Étoiles et Satellites.*

CHOEUR.

Air *des Demoiselles.* (Poule aux œufs d'or.)

Hommage à notre reine,
Dont l'éclat radieux,
La grâce souveraine,
Brillent au sein des cieux.

Sa lumière immortelle,
Au front du firmament,
Chaque soir étincelle
Comme le diamant.
Hommage à notre reine, etc.

LA REINE, *entrant**. Toujours de nouvelles plaintes !... En vérité, c'est insupportable !

LA MAUVAISE ÉTOILE, *bas.* Diable !... son front paraît bien obscurci !

LA BONNE ÉTOILE. Qu'avez-vous donc, grande reine ?

LA REINE. Eh ! mon Dieu ! j'ai... j'ai que je n'entends plus que des réclamations, des imprécations, des malédictions... Depuis deux ans surtout, c'est à qui se plaindra sur terre.

Air *de Fanchon.*

En peinture, en sculpture,
Tout le monde murmure ;
J'entends crier
Au boutiquier
« Que son astre se voile !
» Rien ne marche plus, rien ne va ! »
Et c'est à son étoile
Qu'on se prend de cela.

Que voyons-nous sur terre ?
Partout le bruit, la guerre ;
Nul ne s'entend,
Nul n'est content.
Sans boussole et sans voile,
De Charybde on tombe en Scylla...
Et c'est à son étoile
Qu'on se prend de cela. (*bis.*)

(*À la mauvaise Étoile.*) Et c'est vous, péronelle, c'est vous qui m'attirez tous ces reproches.

LA MAUVAISE ÉTOILE. Moi !

LA REINE. Vous-même, vous le savez fort bien ! Mais si vous me poussez à bout, je fi-nirai par vous consigner dans un coin du ciel et par vous ôter votre influence !...

LA MAUVAISE ÉTOILE. Ah ! par exemple !.

LA REINE. Silence !...

LA BONNE ÉTOILE, *passant auprès de la reine.* Apaisez-vous, brillante reine, et daignez permettre à vos fidèles sujettes de vous adresser une humble prière.

LA REINE, *avec douceur.* Parlez, Bonne Étoile, de quoi s'agit-il ?

LA BONNE ÉTOILE. Nous voudrions, mes compagnes et moi, obtenir la faveur de nous rendre sur terre.

LA REINE. Sur terre ?...

L'ÉTOILE DU BERGER. Oui, reine, un petit voyage d'agrément.

L'ÉTOILE DU SOIR. Simple train de plaisir de la Lune à Paris.

LA REINE. Quitter le ciel !... y songez-vous ?

L'ÉTOILE DU MATIN. Oh ! cela est sans inconvénient, vu l'état du temps.

LA REINE. Le temps peut changer !

LA BELLE ÉTOILE. Il y en a pour huit jours !... j'ai consulté l'almanach céleste.

LA REINE. L'almanach céleste peut se tromper. Tous les almanachs se trompent.

LA MAUVAISE ÉTOILE. Mais voyez donc ces nuages qui sont sous nos pieds.

LA REINE. Il suffit d'un coup de vent pour les dissiper.

L'ÉTOILE DU MATIN. Nous sommes dans l'équinoxe.

LA REINE. N'importe !

TOUTES. Ah ! reine ! reine !... Nous vous supplions...

LA REINE. C'est inutile !... Je refuse.

TOUTES. Mais...

LA REINE. Laissez-moi !

LA MAUVAISE ÉTOILE, *bas aux autres.* Suivons-la !... Elle finira par céder !

CHOEUR.

Air *des Commères* (du Maçon).

Ecoutez notre prière,
Daignez exaucer nos vœux ;
Pour le monde sublunaire
Laissez-nous quitter les cieux.
(*La Reine sort par la gauche avec ses satellites, les Étoiles la suivent en la suppliant.*)

SCÈNE IV.

LA BONNE ÉTOILE, *seule.*

Ah ! enfin, elles se sont éloignées et je puis continuer mes observations... (*Elle reprend sa lorgnette et regarde.*) Cette jeune fille est encore là... à la même place ; es regards toujours fixés de mon côté... Elle

* La Belle Etoile, l'Etoile du Matin, la Mauvaise Etoile, la Reine, l'Etoile du Soir, l'Etoile du Berger, la Bonne Etoile.

semble m'invoquer... que peut-elle me vouloir? D'ici, je ne puis l'entendre... mais je m'intéresse à elle, malgré moi... Ah ! sa tête se penche... ses yeux se ferment... la voilà qui s'endort... Si pendant que je suis seule, j'osais la faire monter... Pourquoi non ?... j'ai un nuage qui m'est tout dévoué..... prions-le de me venir en aide !...

AIR *de la Chatte métamorphosée.*

Soumis à mes lois,
Lorsque sa voix
Au loin m'appelle,
Descends jusque-là,
Descends vers elle,
Et sur ton aile
Apporte-la !

(*Trémolo à l'orchestre. — Peu à peu on voit monter au milieu du théâtre le nuage sur lequel une jeune fille est couchée et endormie.*)

SCÈNE V.

LA BONNE ETOILE, ESTELLE.

ESTELLE, *se réveillant et regardant autour d'elle.*

SUITE DE L'AIR.

Dieu! qu'est-ce que je vois ?
Où suis-je ?...

LA BONNE ÉTOILE.

Près de moi.
Ah! bannis de ton cœur
Toute frayeur.

ESTELLE,

Mais qui donc êtes-vous ?

LA BONNE ÉTOILE.

L'Etoile aux feux si doux
Que toujours tu priais
Et regardais !

ESTELLE. Est-il possible ! (*Elle descend du nuage.*) *

REPRISE ENSEMBLE.

C'est vous que je vois !
Vous que ma voix
Toujours appelle !
Ce nuage-là,
Vers moi vola,
Et sur son aile
Il m'apporta !

LA BONNE ÉTOILE.

C'est moi que tu vois,
Moi, que ta voix
Toujours appelle.
Ce nuage-là,
Vers toi vola,
Et sur son aile
Il t'apporta.

ESTELLE. Eh quoi ! madame, vous seriez? vous êtes ?...

LA BONNE ÉTOILE. La Bonne Etoile, que ton attention a intéressée... Parle donc et dis-

* Estelle, la Bonne Etoile.

moi quels sont les vœux que tu sembles sans cesse m'adresser.

ESTELLE. Quand je vous invoquais, madame, c'était moins pour moi que pour lui.

LA BONNE ÉTOILE. Lui?... qui donc?

ESTELLE, *baissant les yeux.* Celui que... celui qui...

LA BONNE ÉTOILE. Ah! je comprends !... Il s'agit d'un amoureux?

ESTELLE. Justement !... un jeune marin.

AIR *des 20 sous de Perrinette.*

Tous deux nous n'avons qu'un cœur:
Nés dans le même village,
Nous nous aimions au jeune âge
D'abord comme frère et sœur.
Au sortir de notre enfance,
Ont changé nos sentiments ;
Depuis notre adolescence
Nous nous aimons... comme amants.
Enfin le vœu de notre âme,
Le plus ardent, le plus doux,
C'est maintenant, oui, c'est, madame,
C'est de nous aimer comme époux.

LA BONNE ÉTOILE. Et quel obstacle s'oppose à votre bonheur ?

ESTELLE. Hélas! le guignon semble le poursuivre !... Malgré ses efforts, sa persévérance, son esprit (car il en a... il en a même beaucoup, je vous assure), il ne peut réussir à rien.

LA BONNE ÉTOILE. Son nom ?

ESTELLE. Césaire.

LA BONNE ÉTOILE. Césaire !... Ah ! pauvre petite !... Celui que tu aimes est né sous l'influence de ma rivale, la Mauvaise Etoile !

ESTELLE. La Mauvaise Etoile !... C'est donc ça que je l'entends sans cesse l'accuser ! Et dire qu'il y a des gens qui sont bien loin de le valoir et qui sont si chanceux !... Monsieur Guidamour, par exemple...

LA BONNE ÉTOILE. Guidamour le dragon ?

ESTELLE. Qui me fait la cour... Il est bête ce monsieur Guidamour ; il est ennuyeux... et pourtant tout lui réussit, à celui-là.

LA BONNE ÉTOILE. Je crois bien !... c'est un de mes protégés.

ESTELLE, *avec effroi.* Que dites-vous ?...

LA BONNE ÉTOILE. Il est né comme je brillais au ciel... et je suis obligée de le servir malgré moi.

ESTELLE. Le servir !... même contre ce pauvre Césaire !

LA BONNE ÉTOILE.

AIR *de l'Anonyme.*

Je n'y puis rien !... c'est le sort qui l'ordonne !

ESTELLE.

Mais qu'a-t-il fait pour être si chanceux ?
C'est, je l'ai dit, la bêtise en personne;

Il est vantard, ignorant, paresseux.

LA BONNE ÉTOILE.

Sur la planète où tu vis, ma petite,
Pour réussir, c'est la loi de rigueur,
A rien ne sert le talent, le mérite;
Il ne s'agit que d'avoir du bonheur !
Pour réussir, à quoi bon le mérite?
Il ne s'agit que d'avoir du bonheur.

ESTELLE. Hélas ! mais nous sommes perdus, alors ! Ah ! madame, je vous en prie, sauvez-moi, secourez-moi !

LA BONNE ÉTOILE. C'est bien difficile... * surtout à présent... dans l'équinoxe, époque à laquelle les étoiles ont encore plus de malignité... Cependant, il y aurait peut-être un moyen...

ESTELLE. Ah ! parlez !... lequel ?

LA BONNE ÉTOILE. Monsieur Guidamour t'a-t-il quelquefois proposé le mariage ?

ESTELLE. Non, jamais !... Vous savez, ces dragons sont tous des séducteurs . et je crois bien qu'il ne songe guère à se marier.

LA BONNE ÉTOILE. Tant pis !

ESTELLE. Comment !... mais je ne veux pas l'épouser !... Je ne veux épouser que mon petit Césaire.

LA BONNE ÉTOILE. Eh ! sans doute... Cependant, d'après un secret que seule je connais ., que j'ai lu dans les astres, il faudrait que Guidamour en vînt à te parler d'hyménée.

ESTELLE. Mais pourquoi ?

LA BONNE ÉTOILE. Ah ! pourquoi ?.. parce qu'alors seulement il me serait permis de vous servir, sans manquer à la protection que je suis forcée d'accorder à Guidamour.

ESTELLE. Je ne comprends pas...

LA BONNE ÉTOILE. Tu n'as pas besoin de comprendre... sache seulement que c'est là que tous tes efforts doivent tendre... il y va de ton bonheur !

ESTELLE. De mon bonheur !.. (*Bruit de voix au dehors.*)

LA BONNE ÉTOILE. J'entends du bruit !.. il faut nous quitter... mais compte sur moi !..

ESTELLE. Oh ! merci, merci, madame !.. (*Elle retourne se placer sur le nuage.*)

ENSEMBLE.

Air de la Péri.

LA BONNE ÉTOILE.

Silence !
Prudence !
Vite, quittons-nous !
De la confiance,
Je veille sur vous !

* La Bonne Etoile, Estelle.

ESTELLE.

Silence!
Prudence!
Vite, quittons-nous ! -
Mais j'ai confiance
D'un destin plus doux !

Le nuage redescend.

SCÈNE VI.

LA BONNE ETOILE, LA MAUVAISE ETOILE, L'ETOILE DU BERGER, L'ETOILE DU SOIR, L'ETOILE DU MARIN *et les autres* ETOILES.

LA MAUVAISE ÉTOILE, *entrant suivie des autres* *. C'est une horreur !.. c'est une indignité !...

LA BONNE ÉTOILE. Eh mais ! qu'avez vous donc ?

LA MAUVAISE ÉTOILE. Consignée !.. mise à pied pour un mois !..

LA BONNE ÉTOILE. En vérité !.. (*A part.*) Très-bien !

LA MAUVAISE ÉTOILE. Et juste au moment où il vous est permis à toutes de descendre sur la terre !

LA BONNE ÉTOILE, *vivement.* Eh quoi ! la reine consent ?..

LA BELLE ÉTOILE. Oui, elle nous donne campo !

L'ÉTOILE DU SOIR. Liberté illimitée !..

L'ÉTOILE DU BERGER. Pendant trois jours...

L'ÉTOILE DU MARIN. A condition que nous remonterons au ciel aussitôt que nous y verrons briller l'Etoile du matin ..

L'ÉTOILE DU BERGER. Allons-nous nous amuser !

LA MAUVAISE ÉTOILE. Je suis la seule condamnée à rester ici !.. quelle perspective !...

LA BONNE ÉTOILE, *à part.* Bravo !.. c'est autant de gagné pour mes protégés !

LA MAUVAISE ÉTOILE. Mais cette défense ne servira à rien, je le proteste. ,. (*Prenant à part les Etoiles.*) Lignez-vous avec moi, mes sœurs... ne souffrez pas que la Bonne Etoile chasse sur mes terres et m'enlève mes droits les plus sacrés... comme je sais qu'elle en a le projet.

LA BONNE ÉTOILE. Moi ?...

LA MAUVAISE ÉTOILE. Vous-même, ma mie... à propos d'un certain Césaire et d'une petite paysanne son amoureuse...

LA BONNE ÉTOILE, *à part.* O ciel !.. elle sait tout !

LA MAUVAISE ÉTOILE. Ce Césaire qui

* L'Étoile du Berger, l'Étoile du Soir, la Mauvaise Étoile, la Belle Étoile, l'Étoile du Matin, la Bonne Étoile.

passe sa vie à se plaindre de moi, se propose de rentrer aujourd'hui dans le port... Etoile du Marin, empêche-le de réussir.

L'ÉTOILE DU MARIN. Je te le promets!

LA MAUVAISE ÉTOILE. Et vous, mes amies, mes alliées, unissez-vous aussi contre lui, contre eux!.. soyez sur leur chemin comme autant de piéges!...

FINAL.

TOUTES.

AIR *nouveau de M. Montaubry.*

Nous le jurons!
Nous te remplacerons!

LA BONNE ÉTOILE, *à part.*

Hélas! tout est perdu, je pense!
Contre elles seule je serai;
Comment rétablir la balance?
Oh! n'importe je lutterai.

LA MAUVAISE ÉTOILE, *la narguant.*

Toi, Bonne Etoile, heureuse chance?
Et vous, mes sœurs, en qui j'ai foi,
Point de pitié, remplacez-moi!

TOUTES.

Nous le jurons!
Partons! partons!

SCÈNE VII.

LES MÊMES, LA REINE.

LA REINE, *s'avançant au milieu.*

Quand vous vous mettez en voyage,
Je viens recevoir vos adieux;
Que le plaisir vous attende au passage:
Mais dans trois jours soyez de retour en ces lieux.

TOUTES.

Nous le jurons!
Partons! partons!

ENSEMBLE.

LES ÉTOILES *et* LA REINE.

Ah! quel heureux voyage!
Le fortuné destin!
Le plaisir va, je gage
Nous
Vous   attendre en chemin!

LA MAUVAISE ÉTOILE.

Ah! quel heureux voyage!
Le fortuné destin!
Que n'ai-je l'avantage
De vous suivre en chemin!

LA BONNE ÉTOILE.

Hélas! dans ce voyage
Si mon effort est vain,
Je veux avec courage
Etre sur leur chemin!

Les Etoiles font leurs adieux à la Reine, se placent sur des nuages qui commencent à descendre, et le rideau baisse sur ce tableau.*

----

* La Mauvaise Etoile, la Reine, toutes les autres fond.

Deuxième Tableau.

Deuxième Tableau.

L'ÉTOILE DU MARIN.

Un petit port de mer de Normandie. Au loin à droite, un phare allumé. A gauche, du premier au deuxième plan, un cabaret rustique avec cette enseigne :
A L'ÉTOILE DU MARIN.

SCÈNE PREMIÈRE.

L'ÉTOILE DU MARIN, *sous le costume d'une pêcheuse normande.* PÊCHEURS *et* PÊCHEUSES. *Au lever du rideau, les pêcheurs et les pêcheuses sont occupés à relever leurs filets.*

CHŒUR.

AIR *de la Méduse.*

Allons, amis, qu'on se dépêche!
Pour rentrer faisons nos apprêts.
Voici la nuit; adieu la pêche!
Il faut retirer nos filets.

UN PÊCHEUR. Ah! ah! le temps se gâte... il pourrait bien y avoir un grain, à ce soir.

L'ÉTOILE DU MARIN. M'est avis que ceux qui sont en mer feront bien de se dépêcher de rentrer.

LE PÊCHEUR*. Ouais! d'où donc que tu sors, la pêcheuse?. je n't'ons jamais vue.

L'ÉTOILE DU MARIN. Eh! pardi!.. j'sis la nièce au père Cormoran.

LE PÊCHEUR. L'employé du phare?

L'ÉTOILE DU MARIN. Et le maître du cabaret de l'Etoile du Marin.

LE PÊCHEUR. Tiens! tiens! j'savions point qu'il avait une nièce... Tu y es donc tombée du ciel?...

L'ÉTOILE DU MARIN, *souriant.* Mais.. à peu près! Il a été tout de même ben surpris de me voir arriver, y a une heure... mais dame... y cherchait quéqu'un pour l'aider dans sa besogne, c't homme! autant moi qu'un autre, pas vrai?...

LE PÊCHEUR. C'est clair!

L'ÉTOILE DU MARIN, *à part.* Il n'est pas difficile!.. (*Haut.*) Ah çà, dites-moi donc, est-ce qu'il y a beaucoup d'embarcations dehors?

LE PÊCHEUR. Mais oui... on en attend plusieurs... sans compter la *Jeune Estelle* qu'est partie il y a un mois pour la pêche aux harengs.

L'ÉTOILE DU MARIN. C'est-y point celle qu'a pour second le petit Césaire?...

LE PÊCHEUR. Justement! et ton oncle a joliment bien fait d'allumer le phare à bonne heure... sa chandelle ne sera point de trop

----

* Le Pêcheur, l'Etoile du Marin.

pour ceux qui voudront trouver l'entrée de la jetée.

L'ÉTOILE DU MARIN. C'est à quoi j'pensais. (*A part.*) Rentrons et n'oublions pas la promesse que j'ai faite à la Mauvaise Etoile. (*Elle se glisse dans la tonnelle qui fait suite au cabaret.*)

LE PÊCHEUR, *aux autres pêcheurs.* Ah çà, vous autres, dépêchons ! (*On entend un bruit de voix dans le cabaret.*) Qu'est-ce que c'est donc que ce bruit-là, on dirait une dispute !

SCÈNE II.

LES PÊCHEURS, GUIDAMOUR, DEUX PAYSANS.

GUIDAMOUR.

AIR *du Tambourin.* (Filleule des Fées.)

Rasés !
Toisés !
Enfoncés !
Et défoncés !
Rafle complète !
Au dragon cette conquête !
A ces benêts
J'ai gagné les deux pichets !
Je suis vainqueur
De par la dame de cœur !

LES DEUX PAYSANS.

Nous sommes rasés,
Enfoncés
Et très-vexés !
Rafle complète !
Au dragon cette conquête !
Quand je trichais
Il a gagné les deux pichets !
Il est vainqueur.
Vraiment, c'est trop de bonheur !

GUIDAMOUR*. Enfoncés les Normands ! voilà ce que c'est que de se frotter à ce chéri de Guidamour, connu au 5e dragons pour son bonheur à tous les jeux d'hasard... y compris celui de l'amour.

PREMIER PAYSAN. C'est bé étonnant ! j'avions cinq points de six et lui zéro... et c'est lui qui gagne la partie !

DEUXIÈME PAYSAN. C'est bé extraordinaire tout d'même.

GUIDAMOUR. Eh ! non, homme champêtre et naïf... ce n'est point extraordinaire du tout... C'est l'effet de ma Bonne Etoile.

TOUS, *s'approchant.* Sa Bonne Etoile !...

PREMIER PAYSAN. T'as donc une étoile, toi ?

GUIDAMOUR. Tiens ! Napoléon en avait bien une !... Est-ce que chacun n'a pas la sienne ici-bas? t'en as une... toi aussi... eux autres pareillement... le tout est de savoir la-

* Deuxième Paysan, Guidamour, premier Paysan.

quelle... car il y en a de toutes sortes et de toutes couleurs... Le jour où je suis né, la Bonne Etoile brillait au firmament... c'est ce qui fait que tout me tourne à bien... que tout me réussit...

AIR *du Volcan d'amour.*

A mon bonheur, ma foi, je m'abandonne
Sans me donner de peine et de tourment.
En ce bas monde il n'est, je crois, personne
Qui soit heureux aussi facilement
Au jeu d' la guerre,
Au jeu d' Cythère,
Comm' ce fanal,
J' brill' sans rival.
En fait d'e belles
Pas de cruelles !...
J' parais, et crac !
L' cœur est dans l' sac.
Pour les succès,
Pour les hauts faits,
A moi la pomme,
Et l'on me nomme
Pour mes conquêt's de chaque jour
Le grand vainqueur Guidamour.

PREMIER PAYSAN. T'as de la chance, quoi !...

GUIDAMOUR. J'ai de la chance !... autrement dit, une bonne étoile.

SCÈNE III.

LES MÊMES, LA BONNE ÉTOILE, *sous le costume d'un petit marin.*

LA BONNE ÉTOILE, *arrivant en chaloupe.* Qui est-ce qui parle ici de la Bonne Étoile ? (*Elle descend en scène.*)

GUIDAMOUR. Qu'est-ce que c'est que ce petit marsouin-là ?

LA BONNE ÉTOILE. * Qui je suis ?... Prosper le Sauveur, né natif de Sainte-Adresse.

LE PÊCHEUR. Eh ben ! après ?... Qu'est-ce qui t'amène ?

GUIDAMOUR. Qu'est-ce que tu me demandes ?

LA BONNE ÉTOILE. J'ai appris qu'on attendait ici ce soir une embarcation de pêche... Il y aura sans doute du poisson à transporter, ou même, vu le mauvais temps, quelque pêcheur à repêcher... J'ai dit : Allons-y, et me v'là.

GUIDAMOUR. Ah çà, tu as donc déjà sauvé du monde, toi ?

LA BONNE ÉTOILE. C'te bêtise !... si j'ai déjà sauvé du monde... Et c'te médaille que vous voyez sur ma veste ?... vous croyez donc qu'on me l'a donnée pour avoir déniché des z'hannetons ?

* Deuxième Paysan, Guidamour, la Bonne Etoile, le Pêcheur, premier Paysan.

Air : *Je veux si je suis compris,* (Poudre coton.)
　　Oui, Prosper, dit le Sauveur,
　　Quoiqu' petit est bon nageur,
　　D' l'eau salée il n'a pas peur ;
　　Il a d' l'audace et du cœur.
　　Dès qu'il voit quelqu'un sur l' flanc,
　　A l' sauver il n'est pas lent ;
　　Il fend l'eau comme un merlan
　　Et nage comme un éperlan.
　　　　V'lan !
　　Quand au loin paraît une voile,
　　Prêt à se jeter à la mer,
　　Aussitôt s'élance Prosper ;
　　Des marins c'est la Bonne Etoile.
　　Du terr'neuve il possèd' l'instinct ;
　　Tant de mat'lots que de gens riches
　　Il en sauva, ma foi, plus d' vingt...
　　Sans compter les caniches
　　　　Oui, Prosper, etc.

GUIDAMOUR. Très-bien, petit ! je vois que tu es un crâne ! mais, pour ma part, je n'aurai jamais besoin de tes services.

LA BONNE ÉTOILE. Bah ! vous êtes donc un bien fort nageur ?

GUIDAMOUR. Moi ?.. je nage comme un chien de plomb !

LA BONNE ÉTOILE. Et vous ne craignez pas de vous noyer ?

GUIDAMOUR. Me noyer !... plus souvent !.. Tenez, je n'ai jamais appris à faire ma coupe ! eh bien ! quelqu'un me dirait : Guidamour, un pari que tu ne te jettes pas la tête la première là-bas... dans la grande marmite... ah bien ! oui... une, deux... les mains dans les poches, pas moyen de boire un bouillon : ma Bonne Etoile est là !

LA BONNE ÉTOILE, *à part.* Il ne croit pas dire si vrai !

GUIDAMOUR. Autre exemple. — Il y a une petite paysanne qui répond au nom d'Estelle et qui demeure à une petite lieue d'ici, chez son parrain Piquoiseau, un homme assez borné, mais pas fort...

LA BONNE ÉTOILE. Eh bien ?

GUIDAMOUR. Eh bien ! j'ai fait militairement deux doigts de cour à la petite... histoire de rire pendant le congé que je suis venu passer près de mon oncle, un vieux, pas fort non plus, mais très-crétin, que je respecte, que je vénère dans un espoir d'héritage.

LA BONNE ÉTOILE. Connu !.. et la petite villageoise... Ah ! satané farceur, va.

GUIDAMOUR. Eh bien ! non, là... jusqu'à présent, elle a fait la sucrée... et le parrain idem... mais ça m'est inférieur...

LA BONNE ÉTOILE. Bah ! et à cause ?

GUIDAMOUR. A cause que e suis sûr d'arriver un jour ou l'autre... omment ?... je n'en sais rien... ça ne me regarde pas... c'est l'affaire de... (*S'interrompant tout à coup. Bruit à la cantonade.*) Et voyez... voyez...

TOUS. Quoi donc ?

GUIDAMOUR, *indiquant la gauche.* Làbas... cette jeune poulette...

LA BONNE ÉTOILE, *à part.* Estelle !

GUIDAMOUR. Qui descend de carriole, ornéed'un vieux Bas-Normand... c'est elle avec son parrain ! Nierez-vous ma Bonne Etoile, à c't'heure ?

LA BONNE ÉTOILE. Dragon, je n'en ai jamais douté, moi !

SCENE IV.

LES MÊMES, PIQUOISEAU, ESTELLE.
(*Les pêcheurs et les paysans sortent peu à peu.*)

PIQUOISEAU, *à la cantonade.* Ho ! ho ! eh ! La Grise !.. voulez-vous bé rester paisible... et manger vot' picotin !.. (*A Estelle.*) Allons, filleule, nous y v'là.

ESTELLE. * Nous sommes arrivès, parrain ?

GUIDAMOUR, *s'avançant et lui pinçant la taille.* Vous êtes au port, ma bergère... mais j'y étais avant vous.

ESTELLE, *surprise.* Monsieur Guidamour !

PIQUOISEAU. Le satané dragon !.. (*Il fait passer Estelle de l'autre côté.*) ** Quèqu' tu viens faire ici, toi ?

GUIDAMOUR. C'est plutôt à vous qu'il faut demander ça, père Piquoiseau !... Vous saviez donc que j'errais sur cette plage ?

PIQUOISEAU. Moi ?.. plus souvent !.. Bien du contraire ; si je l'avais su...

ESTELLE, *vivement.* Oh ! vous y seriez venu tout de même, mon parrain... Ne l'avez-vous pas promis à Césaire ?...

LA BONNE ÉTOILE. Un brave garçon !...

ESTELLE. Vous le connaissez ?..

LA BONNE ÉTOILE. Tiens ! si je le connais ?.. c'est le second d'une embarcation de pêche qui doit arriver ce soir.

ESTELLE. Et mon parrain lui a donné jusqu'à neuf heures pour rapporter la somme qu'il exige pour nous marier.

PIQUOISEAU. J'n'ons qu'une parole ; mais y a gros à gagner que dans une heure nous roulerons sur la route de Paris...

GUIDAMOUR, *étonné.* Sur la route de Paris ?

PIQUOISEAU. Ousque je vas me débarrasser d'Estelle, en lui baillant un mari.

LA BONNE ÉTOILE. Un mari ?...

* Guidamour, Estelle, Piquoiseau, la Bonne Etoile.
** Guidamour, Piquoiseau, Estelle, la Bonne Etoile.

GUIDAMOUR. Encore un rival !

PIQUOISEAU. Le nommé Ramachard, un ancien de chez nous, qui jouait de la clarinette pour faire danser les filles... et qu'est en train de faire fortune dans un bal champêtre de la capitale.

GUIDAMOUR. Un ménétrier !.. Ah ! fi donc ! (*A Estelle.*) Vous donnerez dans la clarinette, vous ? mais vous êtes donc aveugle ?

LA BONNE ÉTOILE. Ce n'est pas encore fait !

ESTELLE, *à la Bonne Etoile.* Non, non ! vous avez raison !

AIR du bon Curé (Henrion).

En vain parrain gronde et menace,
En vain il veut forcer mon cœur,
Je réponds, moi, que, quoi qu'il fasse,
Il ne peut causer mon malheur.
Hier, j'ai fait un rêve étrange,
Un rêve auquel mon âme a foi :
Et je suis sûre qu'un bon ange,
   Là-haut, veille sur moi !

   Oui, je suis sûre, etc.

LA BONNE ÉTOILE, *à part.* Chère petite !.. oui, il ne tiendra pas à moi que tu ne sois heureuse !

GUIDAMOUR, *à Estelle.* *Soyez calme, jeune fille... vous n'épouserez ni le moindre marin, ni la plus petite clarinette.

ESTELLE. Comment ?...

PIQUOISEAU. Et qui l'en empêcherait ?

GUIDAMOUR. Moi, sapristi !.. moi, et ma Bonne Etoile.

PIQUOISEAU. Toi ? tu n'es qu'un séducteur et un enjôleur de filles.

GUIDAMOUR. C'était bon autrefois ! mais vous ne savez donc pas que mon oncle qu'n'a que moi d'enfant... est *richissitte* et qu'il y a pas plus tard que quinze jours, sa première parole, en m'apercevant, a été : mon garçon, es-tu marié ?.. ça m'a donné des idées de conjungo.

LA BONNE ÉTOILE, *à part.* Bien ! très-bien !..

PIQUOISEAU. J'en suis ben fâché pour toi ; mais tu t'y prends trop tard... Et si Césaire n'arrive pas à temps...

GUIDAMOUR. Votre Césaire ?.. Allons donc ! il n'arrivera pas...

LES PÊCHEURS, *arrivant par le fond.* Le voilà !... le voilà !...

TOUS. Hein ? qui donc ?

PREMIER PÊCHEUR. Le second de la *Jeune Estelle*, le petit Césaire.

PIQUOISEAU, GUIDAMOUR, LA BONNE ÉTOILE. Ah ! bah !

* Piquoiseau, Guidamour, Estelle, la Bonne Etoile.

ESTELLE, *avec joie.* C'est lui !..

LE PÊCHEUR. L'embarcation vient d'être signalée en rade... il ne lui reste plus qu'à trouver l'entrée du port...

GUIDAMOUR. Ce qui, par le temps qu'il fait, ne lui sera pas facile !..

ESTELLE. Ah ! mon Dieu ! y aurait-il du danger ?

LA BONNE ÉTOILE. Bah ! avec le fanal !...

PIQUOISEAU. Le fanal ! mais on dirait qu'il va s'éteindre.

LE PÊCHEUR. A quoi donc pense le père Cormoran ?.. Eh ! père Cormoran ?..

TOUS, *appelant.* Père Cormoran ?

SCENE V.

LES MÊMES, L'ÉTOILE DU MARIN.

L'ÉTOILE DU MARIN, *sortant du cabaret.* * Inutile, me voilà, moi !

LA BONNE ÉTOILE, *à part.* L'Étoile du marin.

L'ÉTOILE DU MARIN, *à part.* La Bonne Étoile !.. (*Haut.*) Est-ce que je ne connais point la manœuvre aussi bé que mon oncle, da ?

ESTELLE. Vous pouvez donc sauver Césaire ?

L'ÉTOILE DU MARIN. Dame ! on va essayer, je cours au phare... (*Elle sort vivement par la droite.*)

LA BONNE ÉTOILE, *à part.* Quel est son projet ?

PIQUOISEAU, *tirant sa montre.* Neuf heures moins quelques minutes... Je lui conseille de se presser !..

ESTELLE. Mon bon petit parrain, un peu de patience !..

PIQUOISEAU. Je n'ai qu'une parole ! (*En ce moment le phare s'éteint.*)

GUIDAMOUR. Oh ! fameux !.. plus de phare !..

ESTELLE. Grand Dieu !

LA BONNE ÉTOILE, *à part.* Je comprends, c'est un tour de ma rivale.

ESTELLE. Le pauvre Césaire ; que va-t-il devenir ?

LA BONNE ÉTOILE. ** Ne craignez rien mamzelle... Est-ce que nous ne sommes pa là, moi et mon bachot ?

ESTELLE. Vous ?

LA BONNE ÉTOILE. Eh ! oui, moi, Prosper dit le Sauveur.

* Piquoiseau, l'Etoile du Marin, Estelle, Guidamour, la Bonne Etoile.
** Piquoiseau, la Bonne Etoile, Estelle.

AIR : *Amis, voici la riante semaine.*
Quand le fanal, cette étoile brillante,
Qui des marins doit protéger le sort,
S'éteint soudain, et, dans leur course errante,
Ne peut, hélas ! les guider vers le port,
Je le remplace, et gaîment je m'élance
En vous disant : Courag' ! n'ayez pas peur !
Car je vous laisse, en partant, l'espérance,
Et vous ramène, au retour, le bonheur.

ESTELLE. Oh ! merci ! merci ! (*La Bonne Etoile s'est élancée dans son bateau et s'éloigne à force de rames.*)

PIQUOISEAU, *regardant toujours sa montre.* Il n'y a qu'un inconvénient !.. c'est que v'là neuf heures qui sonnent...

GUIDAMOUR, *rentrant.* * Neuf heures ! le marin est submergé et le dragon surnage !

PIQUOISEAU. Oui-da !.. pas plus le dragon que le marin ! En route pour Paris.

ESTELLE. Encore un instant !

PIQUOISEAU. Pas une seconde.

AIR de la *Rue de l'Homme armé.*
Allons, plus de retard,
C'est l'heure du départ !
Venez, je n'attends plus.
Mes vœux sont absolus,
Vos regrets superflus !

ESTELLE *et* GUIDAMOUR,
Eh ! quoi, plus de retard !
Pour moi, cruel départ.
Mon
Le   parrain n'attend plus,
Ses vœux sont absolus,
Mes regrets superflus !

(*Piquoiseau entraîne Estelle et sort avec elle par la gauche.*)

SCÈNE VI.

GUIDAMOUR, L'ÉTOILE DU MARIN, PÊCHEURS, *puis* CÉSAIRE *et* LA BONNE ÉTOILE,

GUIDAMOUR, *à lui-même !* Comment !... elle part !.. ah ! mais ! ah ! mais est-ce que ma bonne étoile serait aussi éclipsée ?..

* Piquoiseau, Estelle, Guidamour.

L'ÉTOILE DU MARIN, *qui vient de rentrer.* Ingrat ! est-ce que ce fanal en s'éteignant n'a pas empêché l'arrivée de ton rival ? d'ici à Paris, il y a encore de la marge.

GUIDAMOUR. Tiens ! c'est vrai... Elle est pleine de sens, cette jeune pêcheuse... jeune pêcheuse, vous êtes pleine de sens...

(*Cris en dehors. Le voilà ! le voilà !*)

GUIDAMOUR. Césaire !.. mon rival !... Attention. (*Il remonte à gauche.*)

Nouveaux cris. Par ici !.. par ici...

(*Les Pêcheurs amènent Césaire.*)

CÉSAIRE, *accourant suivi de la Bonne Etoile.* Mais je ne vois pas Estelle ?

L'ÉTOILE DU MARIN. Vous venez trop tard... Elle est partie avec son parrain, pour Paris.

CÉSAIRE. Partie ! quand j'arrivais assez riche pour l'épouser... Oh mais ! je les rattraperai en route. (*Il remercie la Bonne Etoile.*)

GUIDAMOUR, *à part.* Minute, je les rattraperai avant toi, mon bonhomme. (*Il sort par la gauche.*)

CÉSAIRE, *serrant la main aux Pêcheurs.* Adieu, mes amis, adieu.

L'ÉTOILE DU MARIN, *avec ironie et se tournant vers la Bonne Etoile.* Eh bien ! qu'en dis-tu ? je triomphe.

LA BONNE ÉTOILE. C'est ce que nous verrons !

CHŒUR DES PÊCHEURS, *qui entourent Césaire.*

AIR :
Adieu donc, bon voyage !
Et n' perdez pas courage.
C'est le dragon qui s'enfonc'ra,
Et le bon droit triomphera.

(*Césaire s'éloigne par la gauche. La Bonne Etoile remonte dans son bateau et se prépare à partir. Le rideau baisse.*)

* Guidamour, l'Etoile du Marin.

* Guidamour, Césaire, l'Etoile du Marin, la Bonne Etoile, au fond.

⊕⊕⊕

ACTE DEUXIÈME.

Troisième Tableau.

L'ÉTOILE DU BERGER.

La cour d'une ferme qui sert en même temps d'auberge. Porte charretière au fond, avec cette enseigne : A L'ÉTOILE DU BERGER. A droite un corps de bâtiment. Les cordes d'une poulie, qui se perd dans les frises, passent devant la fenêtre du premier étage. A gauche la porte basse d'une étable ; et plus loin un fournil.

SCÈNE PREMIERE.

GUIDAMOUR, L'ÉTOILE DU BERGER, *sous le costume d'une fermière coquette.* (*Guidamour, assis à gauche, achève un repas sur le pouce. L'Etoile du Berger tient un verre et une bouteille.*)

GUIDAMOUR. * Ma foi, c'est pas pour vous flatter, la fermière... mais il est fameux,

* Guidamour, l'Etoile du Berger.

votre petit salé... vous pouvez dire avec orgueil : J'ai un petit salé qui est fameux !

L'ÉTOILE DU BERGER. S'il vous plaît de redoubler, dragon, faut pas vous gêner...

GUIDAMOUR. Merci !.. fichtre ! voilà qu'il se fait tard... il y a encore un fier ruban de queue d'ici à Paris, et si je n'ai pas dépassé les personnes que je poursuis depuis hier, il faut que je les rattrape avant la nuit... Ainsi, à votre santé, fermière... le coup de l'étrier... et en route ! (*Il prend le verre, la fermière lui verse du vin, il boit.*)

AIR : C'est égal.

Mais pour m'donner du courage,
Je sais quelque chos' de mieux :
Quand on a d'aussi beaux yeux,
Et qu' quelqu'un s' met en voyage.
Un baiser ! (*Bis.*)
Pour lui donner du courage,
Ça n' peut pas se refuser !

(*Il s'avance pour l'embrasser, elle résiste.*)

L'ÉTOILE DU BERGER, *se ravisant, et à part.* Au fait, si c'était un moyen de le retenir. (*Tendant le cou.*) Allons..,

SUITE DE L'AIR.

Pour lui donner du courage.
Ça n' peut pas se refuser...
Guidamour l'embrasse et ils reprennent ensemble.
Un baiser ! (4 *fois.*)
Ça n' peut pas se refuser.

GUIDAMOUR , *après l'avoir embrassée.* Maintenant, adieu, belle fermière !

L'ÉTOILE DU BERGER. Au revoir, joli dragon !.. Ma foi, tout bien considéré, je ne regrette pas trop de vous voir partir.

GUIDAMOUR. Merci !.. bien obligé !

L'ÉTOILE DU BERGER. J'aurais eu de la peine à vous loger cette nuit dans mon auberge... vu que mes deux dernières chambres sont retenues pour des voyageurs qui doivent s'arrêter ici en se rendant à Paris...

GUIDAMOUR, *s'arrêtant.* Des voyageurs ?..

L'ÉTOILE DU BERGER. Le père Piquoiseau et sa filleule Estelle.

GUIDAMOUR, *revenant.* Hein ?.. vous avez dit ?...

L'ÉTOILE DU BERGER. Est-ce que vous les connaissez ?..

GUIDAMOUR. Parbleu ! c'est après eux que je cours.

L'ÉTOILE DU BERGER. Ah ! bah !.. Et c'est en marchant devant que vous comptez les rattraper ?..

GUIDAMOUR. Non pas !.. je ne m'en vas plus !.. (*A part.*) Encore ma Bonne Etoile !..

L'ÉTOILE DU BERGER , *à part.* Allons donc !.. (*Haut.*) C'est que... voilà l'embarrassant... ma ferme, qui est en même temps

la seule auberge du pays, n'est pas très-huppée... pour un militaire aussi distingué que vous.

GUIDAMOUR, *se rengorgeant.* On voit que vous vous y connaissez, fermière... mais, bah ! pour une nuit !..

L'ÉTOILE DU BERGER. Je n'aurai à vous offrir que cette étable, où je mets coucher mes bergers.

GUIDAMOUR. Hein ! que vos bergers ?

L'ÉTOILE DU BERGER. Et quelquefois mes bêtes...

GUIDAMOUR, *ouvrant la porte de l'étable, à gauche.* Diantre !.. ça ne sent pas l'eau de Cologne, là dedans !.. ça vous a un fumet de fumier... qué fumet de fumier !. Enfin, que voulez-vous ?.. à la guerre comme à la guerre !.. je m'arrangerai de ce boudoir.

L'ÉTOILE DU BERGER. Eh ! mais, n'entends-je pas une voiture sur la route ?..

GUIDAMOUR. La carriole du Piquoiseau, peut-être ?.. (*Allant regarder au fond.*) Juste !.. c'est lui avec sa filleule... Il ne faut pas qu'il me voie !.. Dites donc, la fermière, pas un mot.

L'ÉTOILE DU BERGER. Suffit !.. c'est convenu !

GUIDAMOUR. Très-bien !... j'entre chez moi !.. Pouah ! Décidément, on ne peut pas se croire chez un parfumeur. (*Il entre dans l'étable, dont il tire la porte sur lui.*)

SCÈNE II.

L'ÉTOILE DU BERGER, PIQUOISEAU, ESTELLE.

L'ÉTOILE DU BERGER, *au fond.* Par ici, mon brave monsieur et ma belle demoiselle !.. Gros-Jean, prends bien soin du cheval et remise la carriole dans la basse-cour !

PIQUOISEAU, *entrant avec Estelle.* Arrive, mon enfant, arrive !.. Tu vas te reposer dans c'te ferme, ousque nous passerons la nuit... puisqu'on y loge les gens et les bêtes.

L'ÉTOILE DU BERGER.* Et j'ose dire que vous n'aurez qu'à vous louer de l'Etoile du Berger... Vos chambres sont prêtes

PIQUOISEAU. Ah ! bah !.. vous m'attendiez donc, la fermière ?

L'ÉTOILE DU BERGER. Certainement... j'étais instruite à l'avance de votre passage.

PIQUOISEAU. Tiens !.. et par qui donc ?

L'ÉTOILE DU BERGER. Eh ! pardine ! par tout le monde !..

AIR : Un homme pour faire un tableau.

Depuis hier dans le pays
Il n'est bruit que d' votre arrivée

______
* L'Etoile du Berger, Piquoiseau, Estelle.

PIQUOISEAU.

Eh quoi ! j' serions jusqu'à Paris
Précédé par la renommée?

L'ÉTOILE DU BERGER.

Un tel effet, en pareil cas,
Est assez l'ordinaire usage :
A vous voir, qui ne dirait pas
Qu' vous êt's un curieux personnage?

ESTELLE, *à part.* Ce pauvre Césaire!
qu'est-il devenu ?

PIQUOISEAU, *à part.* C'est qu'elle est très-
agréable, c'te fermière !..

L'ÉTOILE DU BERGER, *à Estelle, en lui
indiquant les bâtiments à droite.* * Tenez,
ma belle demoiselle, voici votre chambre...
au premier. Vous serez au-dessus de moi...
le cher parrain couchera en bas... il sera
mon voisin.

PIQUOISEAU. Vot' voisin, la fermière? (*A
part.*) C'est étonnant comme elle est
agréable !

ENSEMBLE.

Air *du Caïd.*

Entrons
Entrez donc au logis,

Afin d' visiter notre
votre gîte.

On sait qu'en tout pays
Un bon lit a toujours son prix.

(*Ils entrent tous trois dans la maison. A peine sont-
ils partis qu'on voit paraître au fond la Bonne
Etoile, en gardeuse de troupeaux. Elle avance la
tête pour s'assurer qu'elle est seule. Le jour pendant la dernière partie de la scène précédente a
commencé à tomber.*)

SCÈNE III.

LA BONNE ÉTOILE, CÉSAIRE.

LA BONNE ÉTOILE, *à Césaire qui la suit.*
(*Accent normand.*) Entrais, entrais, mon
jeune mosieur !.. j'vous dis qu'nous aurons
peut-être bé ici des nouvelles de ceux que
vous cherchais...

CÉSAIRE. ** Ah ! ce n'est guère probable...
et j'aurais sans doute mieux fait de continuer
mon chemin...

LA BONNE ÉTOILE. Bah !.. qu'est-ce qui
sait !... l'hasard est si grand... allais, marchais !

CÉSAIRE. Je commence à désespérer, depuis si longtemps que je marche...

LA BONNE ÉTOILE. Allais, marchais tout
de même... faut jamais j'tais l'manche après
la cognais, comme dit c't'autre... Est-ce que
vous ne vous fiais point à mé ?..

CÉSAIRE. Au contraire ! Je ne sais pourquoi vous m'inspirez de la confiance... j'étais

* Piquoiseau, l'Etoile du Berger, Estelle.
** Césaire, la Bonne Etoile.

sur la route, ne sachant à qui m'adresser...
pour avoir des renseignements sur les personnes dont j'ai perdu la trace, lorsque tout
à coup vous vous êtes présentée à moi...
vous m'avez offert de me servir de guide...
j'ai accepté.

LA BONNE ÉTOILE. Et vous avez bé fait !..
Allons, vous êtes fatiguais... reposez-vous
un brin...

CÉSAIRE. Que je me repose !...

LA BONNE ÉTOILE, *lui indiquant un banc à droite.*

AIR : *File, Jeanne.*

A ma voix docile
Restez là tranquile,
Et dans cot asile
Arrêtez vos pas !
Mêm' si sur c'te pierre
S' fermait vot' paupière,
Bah ! laissais-vous faire ;
Ne vous gênais pas ! *
Ami, de l'espoir et du courage !
Car le bonheur, très-fréquemment,
Vient en dormant.
Quoique bé vieux, c'est un adage
Qui vous console gentiment
Dans le tourment.
Espoir et courage ! (*Bis.*)
Croyez-en c't adage :
Le bonheur bien souvent,
Arrive en dormant !

CÉSAIRE, *à part.* Qu'est-ce qu'elle a donc,
cette petite ?... C'est singulier, elle me fait
faire tout ce qu'elle veut !

LA BONNE ÉTOILE. Allons, allons, mon
petiot monsieur, v'là la nuit qui vient... c'est
bétôt l'heure du berger, comme dit c't autre... L'heure des rendais-vous... donais-
vous patience !..

CÉSAIRE, C'est aisé à dire...

MÊME AIR.

Prendre patience,
Quand par mon absence,
Je perds l'espérance
D'être un jour heureux !
Sans doute qu'Estelle
Loin d'ici m'appelle,
Et mon cœur rebelle
Est sourd à ses vœux !

LA BONNE ÉTOILE.

Ami, de l'espoir et du courage !
Car le bonheur, très fréquemment,
Vient en dormant.
Quoique bé vieux, c'est un adage
Qui nous console gentiment
Dans le tourment !

ESTELLE, *en dehors.* Soyez tranquille,
mon parrain, je ne m'éloignerai pas !

* La Bonne Etoile, Césaire.

CÉSAIRE. Grand Dieu!.. c'est sa voix... c'est elle!

LA BONNE ÉTOILE. Eh ben! qu'est-ce que j'vous disions?..

ENSEMBLE

Espoir et courage! (*Bis.*)
Croyons-en l'adage :
Le bonheur, bien souvent,
Arrive en dormant!

CÉSAIRE, *à la Bonne Étoile.* Oh! merci, petite, merci!

LA BONNE ÉTOILE. Tenez, tenez, la v'là.

SCÈNE IV.

LES MÊMES, ESTELLE, *puis* L'ÉTOILE DU BERGER *et* GUIDAMOUR.

CÉSAIRE, *courant à Estelle qui entre.* Chère Estelle!

ESTELLE. Césaire!..

LA BONNE ÉTOILE. Allais, allais toujours!.. j'veillerons pour vous, mé... et n'y a point risque qu'on vous dérange!

CÉSAIRE, *à Estelle.* Enfin, je te retrouve!.. Et maintenant je ne te quitterai plus!

ESTELLE. Mais mon parrain qui est là...

CÉSAIRE. Eh bien!...n'ai-je pas sa parole?

ESTELLE. Il prétend qu'il est en droit de vous la retirer, parce que vous êtes arrivé trop tard... et il veut que j'épouse un ami à lui, qui habite Paris...

CÉSAIRE. C'est ce qu'il faudra voir... Je cours trouver le père Piquoiseau...**

LA BONNE ÉTOILE. Ah! bon! fameuse idée que vous avez là!..pour qu'il s'en aille tout de suite avec sa filleule, c' t'homme!

ESTELLE. Il doit y avoir un moyen d'empêcher cet affreux mariage...

LA BONNE ÉTOILE. Dame! en cherchant bé...***

AIR *de Bérénice.*

Quand du p'tit Martin
J'étions l'amoureuse,
Il était si s'rin,
Qu' j'en étions honteuse :
Mais l'amour finit
Par monter sa tête;
Car même au plus bête,   (*bis.*)
Il donne de l'esprit.

GUIDAMOUR, *entr'ouvrant la porte de l'étable, et à part.* Il me semble que l'on chuchote par ici... Hein? Estelle avec mon rival!

CÉSAIRE. Si encore nous pouvions nous

* La Bonne Etoile, Césaire, Estelle.
** Estelle, Césaire, la Bonne Etoile.
*** Estelle, la Bonne Etoile, Césaire.

concerter ensemble,.. mais ici, à chaque instant on peut nous surprendre...

LA BONNE ÉTOILE. Ah! c'est un fait qu'i n'y a point de sûreté...

CÉSAIRE. Eh bien! ce soir, quand tout le monde sera couché dans la ferme, il faut que je te parle...

GUIDAMOUR, *à part.* Un rendez-vous!...

ESTELLE. Y songez-vous, Césaire?.. ce serait imprudent!... et d'ailleurs comment faire?

LA BONNE ÉTOILE. Bah! c'est-y point là qu'est vot' fenêtre?

ESTELLE. Oui; mais mon parrain qui couche en bas...

CÉSAIRE. Qu'importe!.. je saurai bien arriver jusqu'à toi!...

LA BONNE ÉTOILE. Pardine!.. c'est bé malin!.. avec c'te poulie qui passe devant la croisée!..

CÉSAIRE. Mais oui... il y a une poulie...

GUIDAMOUR, *à part.* Oh! le petit gueux!..

CÉSAIRE. Mais le signal?..

ESTELLE. Le signal?..

LA BONNE ÉTOILE. Vous v'là-t-y point embarrassés?.. une lumière sur la fenêtre...

GUIDAMOUR, *à part.* Bon! j'ai mon idée!.. (*Il disparaît.*)

LA BONNE ÉTOILE. Dites donc, mon p'tiot mosieur, ça sera pour vous comme l'Étoile du Berger.

PIQUOISEAU, *au dehors.* Estelle!.. Estelle!...

ESTELLE. J'entend mon parrain qui m'appelle, il faut nous séparer.

CÉSAIRE. Déjà?

L'ÉTOILE DU BERGER, *paraissant à la fenêtre du premier, et à part.* Ah! mes petits gaillards!.. Allons prévenir le parrain!.. (*Elle rentre.*)

CÉSAIRE, *à Estelle.* N'oublie pas le signal.

ENSEMBLE, *à mi-voix.**

AIR : *Ton joli nom.*

Qu'en ces lieux tout sommeille,
Protégés par la nuit,
Nous
Vous   que l'amour réveille,
Nous nous verrons,
Vous vous verrez,   sans bruit :
Pendant la nuit, (*bis*)
L'amour veille
Pendant la nuit (*bis*)
Et sans bruit

CÉSAIRE.

Jurons de nous aimer sans cesse!

ESTELLE.

Jurons qu'on nous sépare en vain

CÉSAIRE.

Jurons fidélité, tendresse!

* Césaire, Estelle, la Bonne Etoile.

LA BONNE ÉTOILE.
Vont-ils jurer jusqu'à demain !
REPRISE DE L'ENSEMBLE.
Qu'en ces lieux, etc.

LA BONNE ÉTOILE, *les séparant:* Allons, filez par là... et vous, de ce côté-ici...

CÉSAIRE. A ce soir !

ESTELLE. A ce soir ! (*La Bonne Étoile entraîne Césaire par la gauche. Estelle va pour rentrer dans la ferme.*)

SCÈNE V.

ESTELLE, L'ÉTOILE DU BERGER, PI-QUOISEAU.

PIQUOISEAU, *sortant de la maison avec l'Étoile du Berger.* Ah çà ! faut donc que je vienne te chercher, moi !

ESTELLE. Je rentrais, mon parrain

PIQUOISEAU. C'est pas malheureux !... Bonsoir !

ESTELLE. Bonsoir, mon parrain... dormez bien... et vous aussi, madame... (*Elle rentre dans la ferme.*)

PIQUOISEAU, *à part.* Petite sournoise!... (*A l'Étoile du Berger.*) Vous disiez donc, la fermière ?

L'ÉTOILE DU BERGER.** Je disais qu'un jeune homme s'est introduit à la ferme.

PIQUOISEAU. Pour en conter à ma filleule ?...

L'ÉTOILE DU BERGER. C'est certain... je les ai vus ensemble.

PIQUOISEAU. Et comment qu'il était bâti, ce biau muguet ?

L'ÉTOILE DU BERGER. Je n'ai pas pu bien distinguer à cause de l'obscurité ; mais il m'a semblé qu'il portait une veste de marin.

PIQUOISEAU. C'est Césaire !... ah ! le gredin !... si je le tenais!... mais il doit être caché dans quelque coin de la ferme...

L'ÉTOILE DU BERGER. Cherchez !

PIQUOISEAU. Oui, je vas chercher, la fermière... Et si je le trouvons... (*Agitant son gourdin.*) Il n'a qu'à bien se tenir !

L'ÉTOILE DU BERGER. Vous êtes prévenu... je vous laisse, mon voisin. (*Elle rentre dans la maison.*)

PIQUOISEAU. Son voisin!. Elle m'a dit ça avec une petite voix câline... brrr !.. Et ce brigand-là qui s'en vient me déranger, quand ça allait si bien !.. Ah ! si je le pince !.. (*Ouvrant la porte du fournil.*) Qu'est-ce que c'est que ça?.. un fournil !.. Ne pourrait-y pas s'avoir caché là dedans?.. voyons donc !. (*Il entre dans le fournil avec précaution.*)

* Césaire, la Bonne Étoile, Estelle.
** L'Étoile du Berger Piquoiseau.

SCÈNE VI.

GUIDAMOUR, *ouvrant tout doucement la porte de l'étable. Il a mis un costume de berger.*

Personne?... plus un chat ! j'ai déposé mon enveloppe guerrière pour me transformer en homme des champs... grâce à cette défroque de berger que j'ai trouvée dans cet endroit malpropre... pas de danger qu'on me reconnaisse... fameuse inspiration !... quand la lumière brillera, la petite seule sera... pour le Césaire elle me prendra... et que du feu elle n'y verra. Oh ! Lovelace... satané farceur que je suis...

AIR : *Patrie, honneur.*
Ma bonne étoile a reparu soudain,
Et brille au ciel pendant que tout est sombre.
Un peu d'audace, et dragon ou marin,
Tous les matous se ressemblent dans l'ombre.
Au plus malin la belle appartiendra...
Et puis, ma foi, l'épouse qui voudra !

Voyons, avant tout, il faudrait mettre mon rival dans l'impossibilité de broncher... Où peut-il être ?... (*Il regarde à droite et à gauche et ne voyant rien, il sort à droite pour continuer ses recherches.*)

SCÈNE VII.

GUIDAMOUR, CÉSAIRE, ESTELLE, LA BONNE ÉTOILE, *puis* L'ÉTOILE DU BERGER *et* PIQUOISEAU. (*La nuit est tout à fait venue.*)

LA BONNE ÉTOILE, *amenant Césaire et à voix basse.* Venez !... c'est le moment ! (*Une lumière paraît à la fenêtre du premier étage où Estelle se montre.*)

ENSEMBLE.
AIR *de la marche des Mousquetaires.*
Avançons en silence
Pour parer au danger !
Là-haut est l'espérance,
C'est l'heure du berger.

LA BONNE ÉTOILE, *faisant asseoir Césaire sur une botte de paille attachée à la corde de la poulie.*
Boutez-vous là-dessus !

CÉSAIRE, *s'asseyant.*
M'y voici !

LA BONNE ÉTOILE.
N' bougez plus !
(*Tirant l'autre bout de la corde.*)
C'est ma main qui, sans bruit,
Vers le bonheur vous conduit !

ENSEMBLE.
De la prudence !
Montons
Montez   toujours !
Car l'espérance
Guide les amours.

(*La musique continue piano à l'orchestre. Estelle tend la main à Césaire, tandis que la Bonne Étoile attache en bas le bout de la corde.*)

GUIDAMOUR, *rentrant et apercevant la porte du fournil.* Ah ! cette porte ouverte... un homme qui farfouille au milieu des fagots... c'est lui !... enfermons-le sans qu'il s'en doute. (*Il referme doucement la porte du fournil et pousse avec précaution le verrou.*) Tire-toi de là, mon bonhomme !

LA BONNE ÉTOILE, *l'apercevant.* Le dragon ! (*Elle se tient à l'écart.*)

GUIDAMOUR, *voyant la lumière.* C'est le signal !... (*Il détache le second bout de la corde et s'en fait une ceinture solide.*)

ESTELLE, *à Césaire.* Fuyez !.. j'ai entendu du bruit dans l'escalier !

CÉSAIRE. Mais la corde est attachée !

GUIDAMOUR, *à part.* Comment monter ?..

CÉSAIRE, *bas.* Comment descendre ?..

GUIDAMOUR, *à part.* On a parlé !... (*Prenant une petite voix.*) Etes-vous là ?

ESTELLE, *bas.* Ciel !... c'est monsieur Guidamour !

CÉSAIRE, *bas.* Il arrive à propos !... (*A Estelle.*) Répondez oui !

ESTELLE, *à Guidamour.* Oui, monsieur Guidamour.

GUIDAMOUR, *à part.* Je suis reconnu !... c'est égal !... (*Haut.*) Tirez la corde !.. et je vous épouse !..

LA BONNE ÉTOILE, *à part.* A merveille !.. je puis agir maintenant !

PIQUOISEAU, *criant dans le fournil.* Ouvrez !.. ouvrez donc !

GUIDAMOUR, *se cramponnant à la corde.* Tirez !.. dépêchez-vous !

CÉSAIRE, *à cheval sur la botte de paille et baisant la main d'Estelle.* Adieu !.. adieu !.. et à Paris !

GUIDAMOUR. Hein ?.. cette voix ! c'est celle du marin ! (*Césaire se laisse couler en même temps que Guidamour monte. Puis arrivé à terre, il attache la corde de façon à ce que Guidamour reste suspendu en l'air.*)

GUIDAMOUR. Mais tirez donc la corde ! Eh bien ! eh bien ! est-ce que nous jouons au chat perché ?..

PIQUOISEAU, *dans le fournil.* Sac à papier ! m'ouvrira-t-on !..

L'ÉTOILE DU BERGER, *accourant.* Qu'est-ce donc ? qu'y a-t-il ?.. (*Elle va lui ouvrir.*)

PIQUOISEAU, *sortant du fournil.* Qu'est-ce qui m'a joué ce tour-là ?.. (*Apercevant Guidamour.*) Un berger suspendu à la fenêtre de ma filleule... c'est lui !.. c'est Césaire !.. (*Saisissant une fourche.*) Attends !.. attends !..

L'ÉTOILE DU BERGER, *appelant au fond.* A moi, vous autres ! (*Plusieurs garçons de ferme paraissent, armés de gaules, et frappent sur Guidamour.*)

CHOEUR.
Air *du Tourbillon.*

Allons,

Passons

Not' colère

Sur l' témér're !

Et de tout cœur

Frappons su le séducteur !

(*Guidamour, toujours suspendu, se débat sous les coups des garçons de ferme ; Piquoiseau le pique par derrière avec sa fourche.*)   (*La toile tombe.*)

Quatrième Tableau.

L'ÉTOILE DU SOIR.

Le parc de Saint-Cloud un jour de foire. — Marchands et barraques de toute espèce : à droite, celle d'un saltimbanque avec une grande pancarte représentant un ours, et divers autres animaux ; à gauche du 1er au 2me plan, une barraque avec cette enseigne : A LA BONNE ETOILE ! ici on dit la bonne aventure. — Du même côté, du 2me au 3me plan, l'entrée d'un bal champêtre avec cette inscription : A L'ÉTOILE DU SOIR.

SCÈNE PREMIÈRE.

MARCHANDS, MARCHANDES, PROMENEURS, SALTIMBANQUES ; *puis,* L'ÉTOILE DU SOIR, *en grisette.* (*Tableau animé. Bruit de cimbales et de grosse caisse.*)

CHOEUR. AIR CONNU.
LES SALTIMBANQUES.

Vite accourez !...

Chez nous entrez !

La séance

Commence,

Voici l'instant ;

On s'ra content,

On n' paie qu'en sortant !

LES PROMENEURS.

Vite accourons,

Chez eux entrons !

La séance commence,

Voici l'instant,

On s'ra content,

On n' paie qu'en sortant !

UN MARCHAND, *criant.* Tirez des macarons ! à tout coup l'on gagne !

UN MARCHAND. Essayez vos forces !... faites vous peser !..

UN AUTRE. Qu'abat la qui ?... qu'abat la qui ?

LE SALTIMBANQUE, *faisant son annonce.* L'ours incomparable !... cet ours, vraiment extraordinaire, qui a fait l'admiration de l'Europe, et d'une partie de la banlieue, est doué du caractère le plus enjoué !.. il danse la polka, pince de la harpe, et joue aux échecs comme feu l'abbé Domino. Entrrrez, messieurs et dames !.. Suivez le monde !... Ça ne coûte

que deux sous par personne... la bagatelle de
deux sous !

REPRISE DU CHŒUR.

Vite accourez ! etc.
Vite accourons ! etc.

(*Quelques personnes entrent dans la barraque.—
D'autres se promènent, ou s'approchent des boutiques.— L'Étoile du Soir, qui depuis un instant
a paru en costume de grisette, et a regardé dans la
foule, descend la scène, et se trouve seule sur le devant.*)

L'ÉTOILE DU SOIR, *à part*. Je ne les vois
pas encore ! pourtant c'est bien à Saint-
Cloud... que notre Normand doit se rendre
pour y chercher le mari qu'il destine à sa filleule. (*Ritournelle de l'air suivant.*) Qui
vient là ?... (*Elle remonte et regarde à gauche.*) Eh ! mais ! je ne me trompe pas ! ce
sont des visages de connaissance.

SCÈNE II.

LES MÊMES, L'ÉTOILE DU MARIN,
L'ÉTOILE DU BERGER, LA BELLE
ÉTOILE, *également en grisettes.*

LES ÉTOILES, *entrant.*
ENSEMBLE

AIR : *Tin, tin !* (de Breda Street).

Tin, tin ! pour le plaisir
Ici l'on nous voit accourir !
Tin, tin ! jusqu'à demain
Répétons ce joyeux refrain.

LA BELLE ÉTOILE.

Quand sur terre nous venons
Pour nous divertir, prenons
Le plaisir du rigodon
Le charme du mirliton.

ENSEMBLE.

Tin ! tin ! etc.

L'ÉTOILE DU BERGER.

Etoiles du Ciel, ici
Quand nous tombons aujourd'hui,
Nous aurions du malheur, si
L'on n'était pas ébloui.

ENSEMBLE.

Tin, tin ! etc.

L'ÉTOILE DU SOIR. * Comment ! c'est vous ?.

TOUTES, *la reconnaissant*. L'Étoile du
soir !...

L'ÉTOILE DU SOIR. Qui vous amène ?

LA BELLE ÉTOILE. C'est bien simple ; nous
sommes venues nous amuser à la fête de
Saint Cloud.

L'ÉTOILE DU MARIN. Participer aux délices
de ce ... eu champêtre !

L'ÉTOILE DU BERGER. Et pour garder l'in-
cognito, nous avons revêtu le costume de cir-
constance ; mais toi-même ?

* L'Etoile du marin, la belle Etoile, l'Etoile du soir,
l'Étoile du berger.

L'ÉTOILE DU SOIR. Moi, je suis à la piste
de nos voyageurs.

LA BELLE ÉTOILE. Ah ! oui ! le petit Césaire, Estelle, et le reste.

L'ÉTOILE DU SOIR. Précisément. Ah ça !
mais vous devez pouvoir m'en donner des
nouvelles... qu'avez-vous fait ?... Avez-vous
réussi ?...

L'ÉTOILE DU MARIN. Ne m'en parle pas !..
une ruse si bien ourdie !...

L'ÉTOILE DU BERGER. Un piége si bien
tendu !...

L'ÉTOILE DU MARIN. Mais la bonne Étoile
s'est trouvée là, et ma foi...

L'ÉTOILE DU BERGER. Partie perdue...

L'ÉTOILE DU MARIN.. Chou blanc !...

L'ÉTOILE DU SOIR. Vraiment ?.. Eh bien !
si elle a la première manche, moi, j'espère gagner la seconde...

TOUTES. Comment ?...

L'ÉTOILE DU SOIR. J'ai mon idée... Entrons
au bal : je vous conterai cela...

TOUTES. Oui, oui, au bal ! au bal !

REPRISE DU CHŒUR D'ENTRÉE.

Tin ! tin ! pour le plaisir, etc.

(*Elles sortent par la gauche; au même moment on voit
paraître de l'autre côté Guidamour, suivi par Piquoiseau et Estelle.*)

SCÈNE III.

Promeneurs au fond, GUIDAMOUR, ES-
TELLE, PIQUOISEAU.

GUIDAMOUR, *avec une crecelle, entrant en
gambadant.* Par-ici, par-ici, aimables villa-
geois !

PIQUOISEAU, *entrant avec Estelle.* * Un
instant, que diantre ! ne va donc pas si
vite !...

GUIDAMOUR. Que voulez-vous ? l'aspect de
ce tableau agreste et pastoral m'a donné des
ailes !.. je ne pèse pas cinq centigrammes...
je me sens d'humeur folichonne !... (*Il fait
tourner sa crecelle.*)

PIQUOISEAU. Tais donc ta manivelle !... Ah
ça, voyons, sommes-nous à Saint-Cloud ?...

GUIDAMOUR. En v'là une, question !.. mais
certainement que vous y êtes ! vous y êtes
jusqu'au cou !...

PIQUOISEAU. Ouf ! c'est point malheureux !
les jambes me rentrent, quoi !

ESTELLE. Vous êtes pourtant venu en carriole, mon parrain !

PIQUOISEAU. Raison de plus ! avec ça que
depuis c'te farme ousque j'avons passé la
nuit, nous étions trois dans ma voiture !

GUIDAMOUR. Ah ! dam ! écoutez donc, père

* Estelle, Piquoiseau, Guidamour.

Piquoiseau, après la volée de coups de trique que vous m'avez octroyée par erreur, c'était bien le moins que vous me fassiez la politesse de me prendre en lapin... (*Il fait tourner sa crecelle.*)

PIQUOISEAU. Mais tais donc ta manivelle! as-tu juré de me rendre sourd?

GUIDAMOUR. Sourd ?... non !... (*A part.*) Aveugle, je ne dis pas... (*Haut.*) Eh bien! convenez, papa Piquoiseau, que je gagne à être connu? Pas vrai que j'ai du bon ?

PIQUOISEAU. T'as de bon... le petit bleu que tu m'as payé en route.

GUIDAMOUR. Et le petit blanc ?

PIQUOISEAU. Le petit blanc aussi.

GUIDAMOUR. Et le petit rouge ?

PIQUOISEAU. Le petit rouge itou.

AIR *du Fleuve de la vie.*

Quoiqu'à la tête ça me tape,
J'aime assez le vin, Jarnidieu!

GUIDAMOUR.

J' vous versais d'étape en étape
Du rouge, du blanc et du bleu.
A chaqu'. verr' vous d'veniez moins rude ;
Bref, de moi vous vous êt's coiffé ;
Les trois couleurs ont triomphé
Suivant leur habitude !...

PIQUOISEAU, *qui pendant la fin du couplet est allé regarder de tous côtés*.* Ah ça, mais, si je ne m'abuse point, v'là ben le bal ousque Ramachard m'a écrit qu'y jouait d'la clarinette.

GUIDAMOUR, *à part.* Ah! diable! si j'avais su !

PIQUOISEAU. Entrons!

ESTELLE. Ah! mon parrain, nous avons bien le temps ! Si nous faisions d'abord un tour dans la fête ?

GUIDAMOUR. Elle a raison... allons faire une partie de bague ou bien tirer à l'oie.

PIQUOISEAU. Du tout, du tout! point d'oie avant d'avoir retrouvé Ramachard.

GUIDAMOUR, *à part.* Est-il tannant avec son Ramachard! Ah! bah! j'ai mon idée!... (*Offrant le bras à Estelle.*) Charmante Estelle...

ESTELLE, *hésitant.* Monsieur...

GUIDAMOUR. Le gauche... côté du cœ r.

PIQUOISEAU. Accepte, je te le permets.

ESTELLE, *à part.* Au fait! ce rêve... cette recommandation de ma bonne étoile. (*Elle lui prend le bras.*) Voilà !...

GUIDAMOUR. Partons.

ENSEMBLE.

AIR *du Violon du Diable.*

Partons... je veux sans plus attendre

* Piquoiseau, Estelle, Guidamour.

M' trouver avec elle à l'écart,
Pendant qu'il tâchera d'apprendre
Des nouvelles de Ramachard !

ESTELLE, *à part.*

Vraiment, c'est à n'y rien comprendre,
Et pourtant je veux sans retard
Etre avec lui gentille et tendre,
Quitte à m'en bien moquer plus tard !

PIQUOISEAU.

Partons ! je veux sans plus attendre
Avec lui m' trouver à l'écart,
Car il me tarde ici d'apprendre
Des nouvel es de Ramachard...

(*Ils entrent au bal. Sur la fin de cette scène, la barraque du 1er plan s'est ouverte et la Bonne Etoile, en costume de magicienne, robe noire ornée de dessins cabalistiques, baguette à la main, a paru sur le seuil.*)

SCÈNE IV.

LA BONNE ETOILE, CESAIRE.

CÉSAIRE, *entrant par la droite sans voir la Bonne Etoile.* Enfin m'y voici !... tout à l'heure, harassé de fatigue, j'allais traverser ce village lorsqu'il m'a semblé de loin reconnaître la carriole du parain d'Estelle.., mais quelle apparence qu'ils se soient arrêtés ici ! et puis, y seraient-ils, comment les retrouver dans cette foule, au milieu de cette fête ?...

LA BONNE ÉTOILE, *à part.** Césaire... approchons. (*Haut et s'avançant.*) Jeune homme, faites-vous dire votre bonne aventure !

CÉSAIRE. Ma bonne aventure... non, non, merci. (*Il va pour s'éloigner.*)

LA BONNE ÉTOILE. Vous refusez ! vous avez tort... Mon art aurait pu vous dévoiler des choses que vous ne seriez peut-être pas fâché de connaître.

CÉSAIRE. Votre art... et que peut-il m'apprendre ?

LA BONNE ÉTOILE. Essayez...

CÉSAIRE, *hésitant.* Que j'essaie ?...

LA BONNE ÉTOILE. Oui, est-ce que je vous fais peur ?... Quoique magicienne, on n'est pas si diable qu'on en a l'air.

AIR *de Mompou.*

Je ne suis pas une sorcière
Sévère,
Qui ne prédit que des malheurs ;
Et bien souvent, je vous l'assure,
Ma bonne aventure
Calme les douleurs.

Ma recette toujours certaine
Sans peine
Doit embellir votre destin ;
Car elle est surtout souveraine
Pour chasser du cœur le chagrin.

* La Bonne Etoile, Césaire.

Si vous aimez n'allez pas faire
     Mystère
D'un tel secret, à mon savoir,
Chez moi l'on trouve l'espérance,
    Jamais ma science
   Ne voit rien en noir !
Pour ne mécontenter personne,
    Je donne
Aux jeunes filles des maris,
Aux garçons femme belle et bonne,
Et le tout au plus juste prix.

   Je ne suis pas, etc. etc. etc.

CÉSAIRE. Eh bien ! voyons, parlez !

LA BONNE ÉTOILE. Donnez-moi votre main ! (*La prenant et l'examinant.*) Oh ! oh ! voilà des lignes qui n'annoncent rien de bon !... vous êtes né sous une fatale étoile.

CÉSAIRE. Ce n'est que trop vrai...

LA BONNE ÉTOILE. En ce moment vous êtes inquiet, tourmenté.

CÉSAIRE. C'est encore vrai !

LA BONNE ÉTOILE. Au sujet d'une personne que vous aimez... que vous cherchez.

CÉSAIRE. Vous l'avez dit.

LA BONNE ÉTOILE. Ah ! ah ! vous voyez bien...

CÉSAIRE. Oui, je vois que vous êtes instruite du passé, mais de l'avenir...

LA BONNE ÉTOILE. Questionnez...

CÉSAIRE. Cette personne que j'aime, que je cherche, la retrouverai-je ?

LA BONNE ÉTOILE, *regardant la main de Césaire.* Oui.

CÉSAIRE. Quand ?

LA BONNE ÉTOILE. Bientôt.

CÉSAIRE. Où cela ?

LA BONNE ÉTOILE. Ici.

CÉSAIRE. Ici ?

LA BONNE ÉTOILE. Au bal de l'Étoile du Soir. (*Elle rentre vivement dans sa barraque.*)

CÉSAIRE, *seul.* Au bal de... (*Regardant autour de lui.*) Eh bien ! elle est partie !... elle aura voulu se moquer de moi ! le bal de l'Étoile du Soir ! (*Levant les yeux et voyant l'enseigne.*) Mais, le voilà ! le voilà... C'est ici, vite, vite, entrons. (*Il va pour entrer dans le bal et s'arrête.*) Ciel ! me trompé-je ? Estelle, au bras de mon rival... elle lui parle... lui sourit... il lui prend la main, et elle ne semble pas le repousser !... oh ! c'est indigne ! et je vais... (*Il va pour s'élancer et s'arrête encore.*) Des reproches !... un éclat ! non... ma vengeance ne serait pas complète. C'est par l'oubli, c'est par indifférence que je veux la punir..., oui, puisqu'elle s'amuse, je m'amuserai aussi... puisqu'elle se

fait faire la cour par un autre, moi aussi je ferai la cour à une autre. (*Il reste pensif.*)

SCÈNE V.

CÉSAIRE, L'ÉTOILE DU SOIR, L'É-
TOILE DU BERGER, L'ÉTOILE DU
MARIN , *et la* BELLE ÉTOILE.

L'ÉTOILE DU SOIR , *sortant du bal avec les autres Étoiles, et bas.* C'est lui !... Exécutons nos projets...

CÉSAIRE , *à part.* Mais cette autre, où la trouver ?...

L'ÉTOILE DU SOIR , *s'approchant.* * Vous cherchez quelqu'un, jeune homme...

CÉSAIRE , *étonné.* Moi... mais...

LA BELLE ÉTOILE , *s'avançant.* Vous êtes en quête d'une danseuse ?

L'ÉTOILE DU BERGER. D'une polkeuse ?

L'ÉTOILE DU MARIN, D'une valseuse ?

CÉSAIRE , *embarrassé.* Pardon , mesdemoiselles ,... mais je n'ai pas l'honneur...

L'ÉTOILE DU SOIR. De me connaître ? Bah ! on peut faire connaissance... mademoiselle Polkina, surnommée l'Étoile du Soir, vu que c'est le soir que je brille...

L'ÉTOILE DU MARIN. Moi, l'on m'appelle Marinette.

L'ÉTOILE DU BERGER. Moi, Bergerette.

LA BELLE ÉTOILE. Et moi Turlurette.

CÉSAIRE. Excusez mon ignorance... j'arrive de Normandie...

LA BELLE ÉTOILE. Patrie de la toile peinte !

L'ÉTOILE DU SOIR. Et de la pomme de reinette...

CÉSAIRE. Mais je ne demande pas mieux que d'apprendre...

L'ÉTOILE DU MARIN. On vous apprendra...

CÉSAIRE. De me former...

L'ÉTOILE DU BERGER. On vous formera, jeune homme...

LA BELLE ÉTOILE. Ou plutôt, on vous déformera. .

CÉSAIRE. Eh quoi ! vous auriez la bonté...

L'ÉTOILE DU SOIR. D'être votre mentor ?

LA BELLE ÉTOILE. De vous servir de cornac ?...

TOUTES. Certainement, certainemet.'

L'ÉTOILE DU BERGER. Et pour commencer, jeune homme, il faut nous prouver votre galanterie, en nous offrant toutes les douceurs de l'existence.

LA BELLE ÉTOILE. Du pain d'épices...

L'ÉTOILE DU MARIN. Des sucres d'orge...

L'ÉTOILE DU SOIR. Et les chevaux de bois...

* L'Étoile du Berger, l'Étoile du soir, Césaire, la bonne Étoile, l'Étoile du Marin.

ENSEMBLE.

Air de la ronde des Porcherons.

LES ÉTOILES.

Quel espoir !
Il va, dès ce soir,
Subir notre pouvoir.
Ici, quand le plaisir
Vient s'offrir,
Loin de fuir,
Il se laisse éblouir !
Et, sans peine, nous le tenons,
Nous l'emportons,
Nous triomphons !
Ah ! quel bonheur, il est à nous !
Il faut qu'il tombe à nos genoux !
Il est à nous !
Il va tomber à nos genoux !

CÉSAIRE.

Quel espoir !
Je vais donc pouvoir
Me venger dès ce soir !
Ici, quand le plaisir
Vient s'offrir,
Pourquoi fuir
Et ne pas le saisir ?...
Ensemble nous la punirons,
Et nous rirons !
Ah ! quel bonheur ! et qu'il est doux
De se venger à leurs genoux !
Ah ! qu'il est doux
De se venger à leurs genoux !

L'ÉTOILE DU SOIR, *bas aux autres.* * Il faut le ruiner à plates coutures.

CÉSAIRE, *à part, avec hésitation.* Dépenser un argent amassé pour Estelle !...

TOUTES. Eh bien ! venez-vous ?...

CÉSAIRE. Pardon... mais...

GUIDAMOUR, *en dehors.* Restez, père Piquoiseau ; dans un instant, je vous ramène votre filleule.

CÉSAIRE, *à part, regardant á gauche.* La voilà... avec le dragon !...

L'ÉTOILE DU BERGER, *à Césaire.* Vous hésitez ?..

CÉSAIRE, *vivement.* Non, non, je n'hésite plus !.. venez !..

TOUTES. Aux boutiques !... (*Elles remontent avec Césaire vers les barraques ; Guidamour entre avec Estelle.*)

SCÈNE VI.

LES MÊMES, GUIDAMOUR, ESTELLE, *puis la* BONNE ÉTOILE.

GUIDAMOUR, *entraînant Estelle.* ** Venez donc, jolie tourterelle...

ESTELLE. Mais, monsieur Guidamour, je...

* Césaire, les Étoiles un peu au fond.

** Césaire et les Étoiles au fond ; Estelle, Guidamour.

(*Apercevant Césaire au fond, avec les grisettes.*) Que vois-je ! Césaire !.. ici... avec des femmes !...

GUIDAMOUR, *à part.* Le petit marin !... parmi des grisettes...

CÉSAIRE, *à part.* Elle m'a vu !... c'est ce que je voulais... (*Aux Étoiles.*) Éloignons-nous !... (*Il sort par la gauche avec elles.*)

ESTELLE, *remontant.* Comment ?... il s'en va... le perfide !... après les serments qu'il m'a faits !...

GUIDAMOUR. Eh bien, vous partez !... (*La ramenant.*) Restez donc avec moi...

ESTELLE, *hésitant.* Avec vous !... (*A part.*) Ah ! c'est affreux !... (*Haut.*) Mais je ne puis, sans mon parrain...

GUIDAMOUR. Bah ! votre parrain ! il attend que son Ramachard ait fini de jouer sa contredanse...

ESTELLE. Eh bien, alors, venez... allon voir la fête... (*Elle veut l'entraîner à gauche.*)

GUIDAMOUR. Inutile d'aller par là... Il y ici toutes sortes de divertissements...

LE MARCHAND DE MACARONS, *s'approchant.* Voyez, monsieur, madame :... à tout coup l'on gagne !

GUIDAMOUR, *à Estelle.* Oh ! des macarons... Voulez-vous tirer des macarons ?...

UN AUTRE MARCHAND. Essayez vos forces...

GUIDAMOUR, *à Estelle.* Tiens ! si vous essayiez vos forces !... hein !... c'est amusant, ça... pour une demoiselle !

ESTELLE. Non, non, je vous remercie...

GUIDAMOUR. Il faudrait pourtant faire quelque chose...

LA BONNE ÉTOILE, *sortant de sa barraque et à part.* Pauvres enfants ! les voilà qui se boudent !... et ne pouvoir les rapprocher...

GUIDAMOUR, *l'apercevant et à part.* * Oh ! une bohémienne ! voilà mon affaire !.... (*Haut.*) Eh ! la sorcière !...

LA BONNE ÉTOILE, *s'approchant.* Que voulez-vous ? le grand jeu ? le petit jeu ?

GUIDAMOUR. Le grand !... tout ce qu'il y a de plus grand !... (*A part.*) Corrompons-la à prix d'or ! (*Bas à la bonne Étoile.*) Tenez, jeune Gypsy, voilà quarante sous ! vous voyez bien cette jeunesse...

LA BONNE ÉTOILE. Oui, eh bien ?...

GUIDAMOUR, *bas.* Eh bien ! faites-lui accroire que je suis né pour son bonheur... et qu'il faut qu'elle me donne son cœur...

LA BONNE ÉTOILE. Compris ?..

* Estelle, la Bonne Étoile, Guidamour.

GUIDAMOUR. Mutos !

ESTELLE, *qui regardait à gauche.* Je ne les vois plus...

LA BONNE ÉTOILE. Approchez, jeune fille, approchez...

ESTELLE. Une magicienne !...

GUIDAMOUR, *à Estelle.* Confiez-lui votre main !...

ESTELLE. Et pourquoi ?

GUIDAMOUR. Pour qu'elle vous tire votre horoscope.

ESTELLE. A moi ?...

LA BONNE ÉTOILE, *à Guidamour.* Eloignez-vous un peu...

GUIDAMOUR, *s'éloignant.* C'est juste... (*A part.*) Quel fourbe je fais !...

LA BONNE ÉTOILE, *à part.* S'il ne m'est pas permis de servir Césaire, prévenons-la du moins contre Guidamour. (*Haut.*)

> AIR : *Marquis et Marquise.*
>
> De ma sorcellerie
> Ecoute les arrêts !
>
> GUIDAMOUR, *à part.*
> Elle va, je parie,
> Servir mes intérêts.
>
> ESTELLE.
> Parlez, parlez, de grâce...
>
> LA BONNE ÉTOILE, *regardant sa main.*
> Ici, je vois, hélas !
> Qu'un danger te menace,
> Qu'un piége est sous tes pas.
>
> ESTELLE.
> Ciel ! et ce piége habile,
> Qui le tend en ce jour ?
>
> LA BONNE ÉTOILE.
> Un fat, un imbécile...
>
> ESTELLE, *à part.*
> C'est monsieur Guidamour.
>
> GUIDAMOUR, *à part.*
> Très-bien ! (*Bis.*) Ici, je voi
> Que la sorcière parle pour moi.
>
> ENSEMBLE.
> Très-bien, etc.
>
> ESTELLE.
> En elle (*bis*), oui, je le voi,
> J'avais bien raison d'avoir foi.
>
> LA BONNE ÉTOILE.
> De lui, mon enfant, garde-toi,
> En mes paroles mets ta foi.

(*On entend un grand bruit de mirlitons.*)

GUIDAMOUR. Qui vient ici ?

ESTELLE, *à part.* C'est lui !

LA BONNE ÉTOILE, *à part.* Césaire avec mes rivales !... observons !... (*Elle remonte un peu.*)

SCÈNE VII.

LES MÊMES, CÉSAIRE, *et* LES ÉTOILES,
avec des mirlitons.

LES ÉTOILES. Par-ici ! par-ici !

LA BELLE ÉTOILE. Vive la joie et les mirlitons.

CÉSAIRE, *à part.* Encore ensemble !

ESTELLE, *à part.* Vengeons - nous !...* (*Haut.*) Votre bras, monsieur Guidamour. !

CÉSAIRE, *à part.* La coquette !...

GUIDAMOUR. Voilà... cô é du cœur...

L'ÉTOILE DU SOIR, *à Césaire.* Eh bien ! jeune homme, comme vous voilà pensif !...

L'ÉTOILE DU BERGER. Est-ce que nous nous ennuyons auprès du beau sexe ?...

CÉSAIRE. Vous ne le croyez pas... vous toutes si jolies, si aimables...

ESTELLE, *à part.* Quelle perfidie !...

GUIDAMOUR, *à part.* Mes affaires vont au mieux !

CÉSAIRE, *aux Etoiles.* Voyons, que voulez-vous de moi ?...

L'ÉTOILE DU MARIN. Que vous nous chantiez une ronde !...

TOUTES. Ah ! oui ! oui !... une ronde !

CÉSAIRE. Je n'en sais pas.

GUIDAMOUR, *s'avançant* *. Eh bien ! j'en sais, moi, des rondes !... et si vous y consentez, je vas vous en roucouler une.

TOUTES. Accepté ! accepté !...

GUIDAMOUR. Pour lors, attention... et chorus en chœur ! La ronde des mirlitons.

> AIR de *Paris et la Banlieue.*
> Ici, que chacun prenne
> Et conserve le ton !
> Chantons à perdre haleine,
> Chantons le mirliton,
> Mirliton, mirlitaine,
> Gloire au mirliton,
>   Ton, ton,
> Mirliton, mirlitaine,
> Gloire au mirliton !

LA BELLE ÉTOILE. La main aux dames, et en rond.

CÉSAIRE. Voici.

ESTELLE, *à part.* Il danse... Eh bien ! je danserai aussi... (*A Guidamour.*) Voilà...

> ENSEMBLE, *en dansant.*
> Mirliton, mirlitaine, etc.
>
> GUIDAMOUR.
> La belle Marjolaine,
> Pleurait son b'anc mouton :
> Pour la distraire, Etienne
> Lui donne un mirliton.
> Mirliton, mirlitaine,
> Grâce au mirliton,
>   Ton, ton,

*. La Bonne Etoile, l'Etoile du Marin, l'Etoile du Soir, Césaire, l'Etoile du Berger, Guidamour, Estelle.

La belle Marjolaine
N' pleure plus son mouton !

ENSEMBLE, *en dansant.*

Mirliton, mirlitaine, etc.

LE SALTIMBANQUE, *qui pendant ce refrain est sorti de sa barraque.* Entrez, entrez, messieurs et dames ! les derniers exercices de l'ours incomparable ! Voilà, voilàqu'on va commencer !

TOUTES LES GRISETTES. Des bêtes ! allons voir les bêtes ! (*Elles entraînent Césaire dans la barraque, en reprenant le refrain.*)

Mirliton, mirlitaine, etc.

ESTELLE. Allons-y aussi, monsieur Guidamour ! (*Ils vont pour entrer : Piquoiseau paraît.*)

SCÈNE VIII.

ESTELLE, GUIDAMOUR, PIQUOISEAU, LA BONNE ETOILE, *puis tout le monde.*

PIQUOISEAU, *accourant.* Estelle, Estelle !

ESTELLE. * Mon parrain !

GUIDAMOUR. Mais qu'avez-vous donc ?... comme vous êtes rouge !

PIQUOISEAU. On le serait à moins !... J'ai vu Ramachard...

ESTELLE *et* GUIDAMOUR. Eh bien !

PIQUOISEAU. Il est marié !...

ESTELLE *et* GUIDAMOUR. Marié !...

PIQUOISEAU. Depuis huit jours ! quelle tuile !

ESTELLE, *à part.* Quel bonheur !...

GUIDAMOUR. Quelle chance !...

PIQUOISEAU. Il m'a rendu ma parole.

GUIDAMOUR. Et vous allez me la donner.

PIQUOISEAU. A toi ?...

GUIDAMOUR. A moi, qui aime votre filleule et qui veux l'épouser.

* La Bonne Etoile, Estelle, Piquoiseau, Guidamour.

LA BONNE ÉTOILE, *qui écoute près de la barraque.* Allons donc !... (*Elle traverse le théâtre et disparaît derrière la barraque du saltimbanque.*)

PIQUOISEAU, *à Guidamour.* C'est ben vrai cette menterie-là ?...

GUIDAMOUR. Foi de dragon !.... Est-ce topé ?...

PIQUOISEAU. Ma foi !...

ESTELLE, *à part.* Je suis perdue...

GUIDAMOUR. Eh bien ?

PIQUOISEAU, *prêt à se décider.* Eh bien ! (*En ce moment, il se fait un grand bruit dans la barraque ; on entend crier : Sauvons-nous ! sauvons-nous !...*)

PIQUOISEAU. Qu'est-ce qu'y a ?

TOUS, *entrant confusément.* L'ours s'est échappé !...

ESTELLE, PIQUOISEAU *et* GUIDAMOUR. Ah ! grand Dieu !

LES ÉTOILES, *sortant avec Césaire.* Sauve qui peut !... (*Brouhaha général.*)

AIR : *Final d'André.*

Quelle aventure !
D' peur de blessure,
A cet ours il faut échapper !
Fuyons bien vite,
Prenons la fuite,
Pour ne pas nous faire happer !

(*On fuit de tous côtés.*)

LA BONNE ÉTOILE, *reparaissant au premier plan à droite, et entraînant Estelle.* Fuyez par ici ! (*Elles disparaissent du même côte.*)

GUIDAMOUR, *courant de tous côtés.* Eh bien ! eh bien ! et Estelle ? partie ! envolée !... (*L'ours qui vient de sortir de la barraque se rencontre avec Guidamour qui va pour le prendre dans ses bras ; puis s'apercevant de son erreur.*) Ah !... (*Il veut fuir ; l'ours lui barre le passage ; lutte comique.*)

ACTE TROISIÈME.

Cinquième Tableau.

LA BELLE ÉTOILE.

Une rue faiblement éclairée par un bec de gaz. Il est entre une heure et deux du matin.

SCÈNE PREMIÈRE.

La scène est vide, la fenêtre d'une maison placée à gauche s'ouvre doucement, un homme y montre sa tête et regarde de tous côtés avec précaution.

L'HOMME. Personne ! fameux !... (*Il jette des paquets par la fenêtre.*) Maintenant à mon tour ! (*Il enjambe et descend, à peine a-t-il touché le sol, qu'on entend la ritournelle de l'air suivant.*) Ah ! diable ! une patrouille ! filons ! (*Il ramasse vivement les paquets et se sauve à toutes jambes sans s'apercevoir qu'un portefeuille vient de glisser *à terre de l'intérieur des paquets. A peine a-t-il disparu par la droite, que la patrouille composée de gardes nationaux arrive de l'autre côté.)*

SCÈNE II.

LA PATROUILLE, UN SERGENT

AIR *de Fra-Diavolo.*

Faisons silence,
Et l'arme au bras
Avec prudence,
Marchons au pas !

LE SERGENT, *marquant le pas en place, pendant que ses hommes continuent à marcher vers la droite.* Et dire que ma Dorothée, mon épouse légitime est là... *(Il indique la fenêtre d'une maison à droite.)* rêvant à son gros loulou... sans se douter que je suis occupé à veiller sur elle... pauvre chatte !.. Ah ! si je puis m'échapper du poste, comme j'aurai du plaisir à venir la surprendre !..

LA BELLE ÉTOILE, *dans la coulisse. Chantant.*

Chaud ! chaud !
C'est tout chaud !

LE SERGENT, *remontant.* Hein?.. qui vient là?. *(Croisant la baïonnette.)* Qui vive?.. *(Les hommes s'arrêtent.)*

SCÈNE III.

LES MÊMES, LA BELLE ETOILE, *en cantinière, un panier à la main.*

LA BELLE ÉTOILE, *entrant par la gauche.* Eh bien, c'est moi, la marchande... à l'enseigne de la Belle Etoile !

AIR : *Drinn drinn.*

Pendant la nuit, je suis limonadière :
Bien moins qu'ailleurs je vous ferai payer,
Au lieu du gaz c'est la lun' qui m'éclaire,
Et ma boutiqu' n'a pas cher' de loyer.

TOUS ENSEMBLE.

Chaud ! chaud !
C'est tout chaud !
Pour les gardes nationaux
Je tiens des
Elle tient   gâteaux
Et bon rack
Et cognac !

LA BELLE ÉTOILE*. Allons, mes jolis troupiers, deux sous la demi-tasse... un sou le petit verre... demandez, faites-vous servir !

LE SERGENT. Merci !.. merci !.. je ne *consume* jamais rien quand je suis sous les armes.

LA BELLE ÉTOILE. Bah ! bah !... un verre de cognac... il embaume la violette... ça ne

* La Belle Etoile, le Sergent.

peut pas vous faire de mal avant de rentrer au poste.

LES GARDES NATIONAUX. C'est vrai ! c'est vrai !

LE SERGENT. Allons, messieurs, puisque vous m'y forcez... j'obtempère !

LA BELLE ÉTOILE, *versant.* Cinq petits verres pour la patrouille !.. tenez, avalez-moi ça, les amours !.. une vrai fourrure sur l'estomac !

LES GARDES NATIONAUX, *trinquant.* A la jolie cantinière !...

SCÈNE IV.

LES MÊMES, GUIDAMOUR.

GUIDAMOUR, *qui vient d'entrer par la droite, s'approchant* *. Pardon, messieurs, pardon... Pourriez-vous, s'il vous plaît, m'indiquer un hôtel pour cette nuit ?

TOUS. Un hôtel !...

LE SERGENT, *sévèrement.* Un hôtel? il y en a un que je me charge de vous fournir gratis...

GUIDAMOUR. Gratis?.. ça me va !

LE SERGENT, *continuant.* Si je vous rencontre tout à l'heure dans la rue... c'est le poste.

GUIDAMOUR. Le poste !.. merci !.. *(A part.)* Farceur de sergent !...

LE SERGENT, *à ses hommes.* Nous, messieurs, rentrons !

LA BELLE ÉTOILE. Et moi je vais chercher fortune ailleurs... Au revoir, citoyens! *(Elle part par la gauche en chantant : Chaud ! chaud ! etc.)*

LE SERGENT, *qui a placé ses hommes en rang.* Garde à vous !.. droite !.. *(Les hommes tournent à gauche, il continue sans s'en apercevoir.)* Pas accéléré !.. arche !.. *(Les hommes sortent par la gauche, le sergent sort par la droite, en reprenant le chœur.)*

Faisons silence, etc.

SCÈNE V.

GUIDAMOUR, *seul, puis un garçon Pâtissier, puis un Monsieur.*

GUIDAMOUR. Eh bien ! eh bien ? et cet hôtel? comment ! ils me plantent là !.. forcé de coucher à la belle étoile !.. bah !.. en été !.. n'accusons pas mon étoile protectrice !.. si elle ne m'a pas fait retrouver Estelle dans la foule, elle m'a tiré des griffes de ce maudit ours... *(Le sergent traverse en courant le fond du théâtre, de droite à gauche.)* Et puis, quelle nuit douce et sereine !.. ce temps-là est fait pour moi... Plaignons-nous

* La Belle Etoile, Guidamour, le Sergent.

donc de ma destinée !.. Voyons, cherchons une place convenable pour dormir !.. car je suis venu à pied de Saint-Cloud et je suis moulu. (*Il va s'étendre sur le banc à gauche; pendant ce temps un Pâtissier sort de la boutique à droite, 1ᵉʳ plan, avec une plaque de tôle couverte de pâte.*)

LE PATISSIER, *mettant sa plaque sur un banc à droite.* En attendant l'instant d'enfourner, mettons ma pâte au grand air ! (*Il rentre chez lui.*)

GUIDAMOUR. Certainement ce n'est pas un sommier élastique... mais enfin !

UN MONSIEUR, *ouvrant la fenêtre de la maison de gauche.* Voilà ma barbe faite... j'ai à sortir de bonne heure pour ce versement.. achevons ma toilette ! (*Il vide son plat à barbe dont le contenu tombe sur Guidamour.*)

GUIDAMOUR, *se levant.* Eh bien !.. saperlotte !.. qu'est-ce qui m'arrose là ?.. vous ne pouvez pas faire attention là haut !.. (*Flairant sa manche.*) Ce n'est que de l'eau !.. n'importe !.. cherchons un endroit moins aquatique !.. (*Il traverse le théâtre et va s'assoir sur une des plaques de tôle.*) Allons, bon !.. qu'est-ce que c'est encore que ça ?

LE MITRON, *rentrant avec une seconde plaque.* Imbécile !.. qui s'assied dans ma pâte !..

GUIDAMOUR. Sa pâte !.. de la pâte à présent !

LE MITRON. Vous m'avez gâté mes brioches...

GUIDAMOUR. Vous avez déshonoré mon pantalon !...

LE MITRON. Il faut me les payer !

GUIDAMOUR. Payer !.. encore payer !.. plus souvent ! je suis insolvable !...je dépose mon bilan !

LE MITRON. Pas tant de façons !.. où j'appelle le poste qui n'est pas loin !

GUIDAMOUR. Le poste !.. merci bien !... allons, allons, je m'exécute... entrons chez toi... (*A part.*) Je profiterai de ça pour goûter sa pâtisserie !

LE MITRON. Eh bien ?...

GUIDAMOUR. Eh bien, c'est bon !.. je vais solder!.. je suis soldat... je vais solder!.. (*Il entre dans la boutique avec le mitron.*)

SCÈNE VI.

ESTELLE, *puis* LA BONNE ETOILE, *ensuite* GUIDAMOUR *et une* DAME. (*A peine Gui-*

damour a-t-il disparu qu'Estelle arrive par la droite, toute émue.)

ESTELLE. Où suis-je ?. et personne pour m'indiquer mon chemin ?.. En sortant de cette fête, j'ai perdu mon parrain dans la foule... Cette foule, je l'ai suivie, dans l'espoir de le retrouver... mais en arrivant à la barrière, des jeunes gens se sont approchés de moi... m'ont proposé de me reconduire... m'ont tenu des propos qui m'ont effrayée... je me suis enfuie sans savoir où j'allais... depuis plus d'une heure je parcours ces rue s désertes... Que faire ?.. que devenir ? . (*Allant s'asseoir sur le banc à gauche.*) La fatigue m'accable... mes yeux se ferment malgré moi... O Bonne Etoile, qui m'aviez promis votre protection... si vous connaissez nos peines... venez à mon secours... (*Elle s'endort ; au même instant et sur une musique de scène, on voit entrer par le fond la Bonne Etoile sous le costume d'une chiffonnière, avec une hotte, un crochet, et une lanterne ; elle s'approche d'Estelle.*)

LA BONNE ÉTOILE. La voilà !.. elle m'appelle... Dors en paix, chère enfant !.. la bonne Etoile ne t'abandonne pas !...

GUIDAMOUR, *en dehors.* C'est bien... c'est bien... bonsoir !...

LA BONNE ÉTOILE, *à part.* Guidamour !.. Tenons-nous à l'écart (*Elle se retire vers le fond, à gauche.*)

GUIDAMOUR, *sortant de la boutique, sans voir Estelle.* Voilà une nuit en plein air qui me coûte plus cher qu'à l'hôtel... je crois que ce quartier est malsain pour moi !... déménageons !.. allons plus loin !.. (*Il va pour sortir, la fenêtre de la maison de droite s'est ouverte, et une dame en camisolle de nuit s'y est montrée.*)

LA DAME, *à part.* J'aperçois un uniforme... mon mari aurait-il quitté le poste... (*Appelant.*) Est-ce toi, mon mari ?...

GUIDAMOUR, *s'arrêtant et levant la tête.* Hein ! une femme !.. serait-ce une bonne fortune ?...

LA DAME. Est-ce toi, Alphonse !...

GUIDAMOUR, *à part.* Elle me prend pour Alphonse... abusons de son erreur... (*Haut, en prenant une petite voix.*) Oui... c'est moi !...

LA DAME. Je t'attendais... voici le passepartout. (*Elle lui jette une clef, se retire et referme la fenêtre.*)

GUIDAMOUR, *ramassant la clef.* Oh ! ma bonne étoile !.. je te reconnais là... voilà un logement tout trouvé !.. (*Il ouvre la porte de la maison à droite, et y entre.*)

SCÈNE VII.

ESTELLE *endormie*, LA BONNE ETOILE.

LA BELLE ÉTOILE, *le regardant sortir.* Oui,
va, va... maintenant ne songeons plus qu'à
ces pauvres enfants !.. je veux qu'ils s'expli-
quent !.. qu'ils se raccommodent. Grâce à
mon falot, j'ai su attirer Césaire dans ce
quartier. Hâtons-nous de l'amener près
d'elle.... (*Levant sa lanterne vers la droite.*)

AIR *des Mémoires du Diable.*

Par ta flamme brillante,
De son sommeil léger,
Étoile vigilante,
Eloigne le danger :
Et grâce à moi qui te gouverne,
Chassant le rôdeur des faubourgs,
Ma gentille lanterne,
Ramène les amours !
Pour eux (*bis*) brille, brille toujours.
Toujours (*bis*)
Brille pour les amours.

(*A mesure qu'elle chante elle s'éloigne à gauche, te-
nant toujours sa lanterne haute. Césaire, attiré par
la flamme, paraît, et s'avance par la droite. La
Bonne Étoile disparaît par le fond à gauche.*)

SCÈNE VIII.

CESAIRE, ESTELLE, *endormie.*

CÉSAIRE, *à lui-même.* Que signifie ?.. cette
lueur que j'ai aperçue de loin... je ne vois
plus rien... tout a disparu... (*Regardant
autour de lui.*) Où suis-je donc?... (*Apercevant Estelle.*) Une jeune fille endormie...
(*Allant à elle et la reconnaissant.*) Estelle !..
Estelle ici !.. est-ce possible ?.. (*L'appelant.*)
Estelle !...

ESTELLE, *s'éveillant.** Qui m'appelle ?..
(*Le voyant.*) Monsieur Césaire !

CÉSAIRE. Oui, moi... que le hasard a
conduit près de vous.

ESTELLE. C'est à dire qu'à présent que
votre belle danseuse vous a quitté, vous
revenez à moi...

CÉSAIRE. Et votre beau danseur, M. Guidamour, il vous a donc aussi abandonnée !

ESTELLE. Dites que nous avons été sépa-
rés à la fin de la fête.

CÉSAIRE. Et vous le regrettez ?

ESTELLE, *se levant et venant à lui.* Comme
vous regrettez cette demoiselle...

CÉSAIRE. Je ne m'en soucie guère, allez !..
Et si j'ai paru aimable, empressé avec elle,
c'était pour vous imiter.

ESTELLE. Bien vrai ?

____
* Estelle, Césaire.

CÉSAIRE. C'était le dépit, la colère qui me
guidaient.

ESTELLE. Et moi aussi.

CÉSAIRE. Vous me pardonnez donc ?

ESTELLE. Vous m'aimez donc toujours ?

CÉSAIRE. Mais dans quelle position je te
retrouve ? Comment nous reconnaître dans
cette ville où nous venons tous les deux pour
la première fois ?.. où te conduire ?.. toutes
les hôtelleries sont fermées...

ESTELLE. Restons ici jusqu'au jour.

CÉSAIRE. Eh bien ! oui... repose-toi sans
crainte... je veillerai sur toi toute la nuit...

ESTELLE. Mais vous avez sommeil aussi ?

CÉSAIRE. Qu'importe ?.. occupons-nous
de toi seulement... Ce banc est froid... hu-
mide... Tiens, assieds-toi là-dessus... (*Il ôte
sa veste et l'étend sur le banc.*)

ESTELLE, *s'asseyant.* Qu'il est bon !.. et
que j'ai raison de l'aimer !

SCÈNE IX.

LES MÊMES, LE SERGENT.

LE SERGENT, *à lui-même sans les voir.*
Je me suis éclipsé du poste ! Comme Dorothée va être surprise !.. elle qui ne m'attendait que pour déjeuner !.. pauvre chérie !..
(*Il entre dans la maison à droite.*)

ESTELLE, *se levant vivement.* Mon Dieu !..
il m'a semblé entendre du bruit !. Venez...
éloignons-nous d'ici... (*Ils vont pour sortir.*)

SCÈNE X.

CESAIRE, ESTELLE, LA BONNE ETOILE.

LA BONNE ÉTOILE, *s'approchant.** Vous
cherchez votre chemin, mes petits bourgeois... Si vous voulez, je vais vous conduire...

ESTELLE. Ah ! ce n'est pas de refus !

LA BONNE ÉTOILE. Suivez-moi donc...

CÉSAIRE. Un moment !.. et ma veste ?

LA BONNE ÉTOILE, *allant la prendre sur
le banc.* La voici... (*Ramassant un portefeuille au bout de son crochet.*) Tiens! qu'est-
ce que c'est donc que ça ?...

CÉSAIRE, *prenant le portefeuille.* Des
billets de banque !.. (*Le rendant à la Bonne
Etoile.*) C'est vous qui les avez trouvés...

LA BONNE ÉTOILE, *refusant.* Ils étaient
sous votre veste... ils sont à vous, jeune
homme !...

____
* La Bonne Etoile, Césaire, Estelle.

CÉSAIRE, *comptant les billets.* Plus qu'il n'en faudrait pour obtenir le consentement de l'oncle d'Estelle !.. Mais cet argent ne m'appartient pas, et dès demain j'en chercherai le propriétaire...

LA BONNE ÉTOILE. Bien !.. *(A part.)* Cette bonne action ne restera pas sans récompense. *(En ce moment une lueur très-vive vient la frapper; elle lève les yeux et voit une étoile qui paraît au firmament.)* L'Etoile du Matin !.. le signal qui me rappelle au ciel !.. *(Elle fait quelques pas pour s'éloigner, comme poussée par une force invincible.)*

ESTELLE. Eh bien ! vous nous abandonnez ?...

LA BONNE ÉTOILE. Non, non... *(A part.)* Je ne quitterai pas la terre avant de les avoir sauvés... *(Haut.)* Venez... *(Ils sortent tous trois par la gauche.)*

SCÈNE XI.

LE MONSiEUR, LE SERGENT, GUIDA-MOUR, *puis le poste, puis* **LA BELLE ETOILE** *et* **PIQUOISEAU.** *Depuis quelques instants, on entend du bruit à droite, le monsieur de la maison de gauche se montre à la fenêtre.)*

LE MONSIEUR, *criant.* Je suis volé !.. à la garde!.. à la garde!.. *(La porte de la maison s'ouvre et Guidamour paraît se colletant avec le sergent.)*

LE SERGENT. Ah ! gredin !.. ah ! séducteur !.. je te trouve chez ma femme !...

GUIDAMOUR. Mais elle est innocente !.. et moi aussi !.. *(Le poste arrive avec quelques passants attirés par le bruit.)*

CHOEUR.

Air *du Duc d'Olonne.*

Quel bruit ! quel vacarme
Vient nous réveiller,
Et porte l'alarme
Dans tout le quartier ?

(Les cris : Au voleur recommencent; le sergent continue à se colleter avec Guidamour ; le poste et les passants ne savent auquel entendre.)

LE SERGENT, *à ses gardes nationaux.* Qu'on s'empare de lui...

PIQUOISEAU, *paraissant tout à coup, guidé par la Belle Etoile qui s'esquive.* Arrêtez !.. je le réclame... c'est le mari de ma filleule. *(Il se jette entre Guidamour et le sergent.)*

REPRISE DU CHOEUR!

Quel bruit! quel vacarme.

(La toile tombe.)

Sixième Tableau.

LE RETOUR DES ETOILES.

Même décoration qu'au 1er tableau.

SCÈNE PREMIÈRE.

L'ETOILE DU MATIN, *puis* **LES AUTRES ETOILES,** *sauf* **LA BONNE ETOILE.** *(Lorsque le rideau se lève, l'orchestre joue piano le motif du final du premier acte. L'Etoile du Matin, placée près d'un nuage, à droite, regarde vers la terre. La musique continue pendant les paroles suivantes et jusqu'à l'entrée des Etoiles.)*

L'ÉTOILE DU MATIN, *d'abord seule.* Les voilà qui remontent!.. Quelques instants encore et elles seront au firmament ! Ah ! le danger était pressant. . et il était temps de venir au secours de ma pauvre compagne... Sans moi, sans mon aide, je ne sais trop ce que ses protégés seraient devenus. Mais chut! les voici toutes ! *(Pendant ce qui précède on a vu les Etoiles, groupées sur des nuages, arriver lentement, les unes par le milieu, les autres par les côtés du théâtre. L'Etoile du Matin disparaît par la droite.)*

CHOEUR DES ETOILES.

Air : *fragment du final du 1er tableau (Avant de nous mettre en voyage.)*

Voici le terme du voyage!
La reine nous rappelle aux cieux.
Deux jours la terre a vu notre passage,
Le moment est venu de briller en ces lieux.

LA MAUVAISE ÉTOILE, *accourant à leur rencontre par la gauche, tandis qu'elles descendent en scène*.* Enfin vous voilà ! Qu'il me tardait de vous revoir ! Eh bien ! mes chères amies, quelles nouvelles me rapportez-vous ?

L'ÉTOILE DU BERGER. Excellentes !

LA MAUVAISE ÉTOILE. Vraiment ?

L'ÉTOILE DU MATIN. La victoire nous reste !

L'ÉTOILE DU SOIR. Nous triomphons.

L'ÉTOILE DU BERGER. Mais ce n'est pas sans peine.

LA BELLE ÉTOILE. Nous avions affaire à forte partie.

LA MAUVAISE ÉTOILE. Mais enfin, quand vous aviez quitté la terre ?...

---

* L'Etoile du Berger, l'Etoile du Soir, la Mauvaise Etoile, la Bonne Etoile, l'Etoile du Matin, les autres au fond.

L'ÉTOILE DU MATIN. Nous avions un avantage marqué...

LA MAUVAISE ÉTOILE. Merci, mes sœurs, merci.

SCÈNE II.

LES MÊMES, LA REINE, *qui s'est avancée par le fond.*

LA REINE*. Salut à mes fidèles sujettes!..

TOUTES. La reine!...

LA REINE. C'est bien! c'est très-bien! Je suis contente de votre exactitude.

L'ÉTOILE DU MATIN. Vous le voyez, reine, à la minute.

LA BELLE ÉTOILE. À la seconde.

L'ÉTOILE DU BERGER. Ponctuelles comme des soldats.

LA REINE. Mais parmi vous je ne vois pas la Bonne Etoile.

TOUTES. C'est vrai!

LA MAUVAISE ÉTOILE, *à part.* Que signifie?

LA REINE. Qu'est-elle donc devenue?

TOUTES. Nous l'ignorons,

LA BELLE ÉTOILE. Comment! une désertion avec armes et rayons.

LA MAUVAISE ÉTOILE. Voilà qui est grave.

TOUTES. Très-grave!

LA REINE. C'est abuser de mon indulgence!

LA MAUVAISE ÉTOILE. Montrez-vous sévère, grande reine.

L'ÉTOILE DU MATIN. La discipline du royaume céleste l'exige...

TOUTES. Oui, oui, punissez.

SCÈNE III.

LES MÊMES, LA BONNE ÉTOILE, *puis* L'ÉTOILE DU MATIN.

LA BONNE ÉTOILE, *paraissant tout à coup et s'inclinant devant la Reine**.* Pardon, reine, pardon!

TOUTES. La Bonne Etoile!

LA REINE, *sévèrement.* Quel motif vous a empêchée d'obéir à mes ordres?

LA BONNE ÉTOILE. Le désir de faire une bonne action.

TOUTES. Une bonne action!

LA BONNE ÉTOILE.

AIR : *Rondeau des Deux maîtresses.*

Quand sur la terre,
Moi, la dernière,

* L'Etoile du Berger, l'Etoile du Soir, la Mauvaise Etoile, la Reine, etc.

** L'Etoile du Berger, l'Etoile du Soir, la Mauvaise Etoile, la Reine, la Bonne Etoile, etc.

J'étais encor, reine, malgré vos vœux,
Si l'on m'accuse,
J'ai mon excuse ;
Car j'y restais pour faire des heureux.

(*Se tournant vers la Mauvaise Etoile.*)

Deux amoureux subissaient l'influence
De leur malheur que vous aviez juré,
Et de vos sœurs la perfide alliance
Vous promettait un triomphe assuré.
Mais, bonnes âmes,
Contre vos trames,
Moi, je veillais
Et toujours les brouillais.
À moi la gloire
De la victoire,
Et contre vous j'ai gagné mon procès.

LA MAUVAISE ÉTOILE. (*Parlé.*) Gagné votre procès!... mais alors vous auriez manqué à tous vos devoirs en abandonnant un mortel que nos lois vous ordonnaient de protéger.

TOUTES. Elle a raison.

LA BONNE ÉTOILE. Vous vous trompez!... En le persécutant, en l'empêchant de se marier...

TOUTES. Eh bien?

LA BONNE ÉTOILE, *suite de l'air.*

De ma faveur je lui donnais un gage,
Car, apprenez à la fin mon secret,
Si le dragon formait un mariage,
Soudain son oncle le deshéritait.

TOUTES. (*Parlé.*) Ah bah!

LA BONNE ÉTOILE, *suite de l'air.*

Mésaventures
Déconfitures,
Vous voyez bien,
Arrivaient pour son bien ;
Ma contre-mine
De sa ruine,
De le sauver était le seul moyen.

LA REINE.

Oui, je comprends! en leur faisant la guerre
De votre cœur vous subissiez la loi ;
Mais qui pourra me rendre moins sévère,
Et d'un retard vous justifier?

L'ÉTOILE DU MATIN, *s'avançant.*
Moi.

TOUTES. (*Parlé.***) L'Etoile du Matin!

L'ÉTOILE DU MATIN, *de même.* Oui, reine, je suis seule coupable.. Absente au moment du complot, et voyant la Bonne Etoile sur le point de succomber, j'ai donné, avant l'heure, le signal qui appelait mes compagnes au ciel.

TOUTES. Est-il possible!

LA MAUVAISE ÉTOILE. Ainsi ce petit Césaire que je persécutais?...

LA BONNE ÉTOILE. Enrichi par un homme à qui il a noblement restitué sa fortune, va épouser celle qu'il aime !

LA MAUVAISE ÉTOILE. Lui !... c'est un mensonge ! cela de se peut pas.

LA BONNE ÉTOILE, *étendant la main vers le fond. Regarde !* (*Le fond s'ouvre et laisse apercevoir dans un bosquet, Césaire, Estelle, Piquoiseau et Guidamour entourés d'amis et trinquant ensemble au bonheur des futurs époux.*)

GUIDAMOUR, *élevant son verre.* A votre heureux mariage et à ma bonne étoile !

LA MAUVAISE ÉTOILE, *avec dépit. Je suis jouée !*

LA BONNE ÉTOILE, *achevant l'air.*

Allons, ma chère,
Point de colère !
Que leur bonheur
Désarme votre cœur !
Blanches étoiles,
Au ciel, sans voiles,
Brillons toujours
Brillons pour les amours !

ENSEMBLE.

Blanches étoiles, etc.

* L'Etoile du Berger, l'Etoile du Soir, la Mauvaise Etoile, la Reine, la Bonne Etoile, l'Etoile du Matin, la Belle Etoile, l'Etoile du Marin.

FIN.

Paris. — Imprimerie de madame veuve Dondey-Dupré, rue Saint-Louis, 46, au Marais.

MADEMOISELLE DE LA FAILLE, drame en 5 actes.
MAITRE D'ÉCOLE (le), comédie-vaudeville 2 a.
MÉMOIRES DU DIABLE (les), c. v. en 5 actes.
LE MARCHÉ DE SAINT-PIERRE, idem
MARGUERITE FORTIER, idem
LES MILLE ET UNE NUITS, féérie 3 actes et 16 tab.
MEUNIÈRE DE MARLY (la), en 1 acte.
MONSIEUR LAFLEUR, vaudeville
LE NAUFRAGE DE LA MÉDUSE, drame en 5 actes.
NAPOLÉON BONAPARTE, drame en 6 actes, par Alex. Dumas.
LA NONNE SANGLANTE, drame en 5 actes.
L'OFFICIER BLEU, drame en 5 actes.
LES ORPHELINS D'ANVERS, idem
L'OUVRIER, drame en 5 actes, par Fréd. Soulié.
LE PAYSAN DES ALPES, drame en 5 actes.
PAUL JONES, drame en 5 actes, par Alex. Dumas.
PAUVRE MÈRE, dr. 5 actes, E. Cormon, Anger.
PÈRE TURLUTUTU (le).
1res ARMES DE RICHELIEU (les), c. v. en 3 actes.
LE PROSCRIT, drame en 5 a., par Fréd. Soulié.
PAUL ET VIRGINIE, drame en 5 actes.
PARIS LA NUIT, idem.
GIBAULT, drame en 5 actes, par Balzac.
PAUVRE FILLE, idem.
PARIS LE BOHÉMIEN, idem
PASCAL ET CHAMBORD, com. vaud. en 2 actes.
LA PLAINE DE GRENELLE, drame en 5 actes.
LA PENSIONNAIRE MARIÉE, v. 2 actes, par Scribe
LE PERRUQUIER DE LA RÉGENCE, drame en 5 act.
PIERRE LABOURG, com. vaud. en 2 actes.
LES PILULES DU DIABLE, féérie en 18 tableaux.
LES PETITES MISÈRES DE LA VIE HUMAINE, vau.
LE PRINCE EUGÈNE ET L'IMPÉRATRICE JOSÉPHINE, drame en 10 tableaux.

LES PRUSSIENS EN LORRAINE, drame en 5 act.
86 MOINS UN.
QUI SE RESSEMBLE SE GÊNE, vaudev. en 1 acte.
QUAND L'AMOUR S'EN VA, vaudev. en 1 acte.
RENAUDIN DE CAEN, comédie en 2 actes.
RICHE ET PAUVRE, drame en 5 actes, par Emile Souvestre.
RITA L'ESPAGNOLE, drame 5 actes.
ROMÉO ET JULIETTE, par Frédéric Soulié.
LA SALPÊTRIÈRE, drame en 5 actes.
SERVANTE DU CURÉ (la)
STELLA, ou la Forteresse du Mont des Géants, drame en 5 actes.
SANS NOM, folie-vaudeville en 1 acte.
LES SEPT CHÂTEAUX DU DIABLE, féérie en 5 act.
LA SŒUR DU MULETIER, drame en 3 actes, par Bouchardy.
LES SEPT ENFANTS DE LARA, drame en 5 actes.
LA SONNETTE DE NUIT, folie-vaudev. en 1 acte.
STÉPHEN, drame en 5 actes.
LA TACHE DE SANG, drame en 3 actes.
LA TRAITE DES NOIRS, drame en 5 actes.
LE TREMBLEMENT DE TERRE DE LA MARTINIQUE, drame en 5 actes.
LA TIRELIRE, vaudeville en 1 acte.
THOMAS MAUREVEL, idem.
LES TROIS ÉPICIERS, vaudeville en 3 actes.
UN MARIAGE SOUS LOUIS XV, comédie en 3 actes, par Alex. Dumas.
UN CHANGEMENT DE MAIN, comédie en 2 actes.
UNE PASSION, vaudeville en 1 acte.
VAUTRIN, drame en 5 actes, par Balzac.
LA VENDÉENNE, drame 5 actes, A. Bourgeois.
LA VISION, drame en 5 actes.
LA VIE DE NAPOLÉON, féérie en 5 actes.

CHEFS D'ŒUVRE DU THÉÂTRE FRANÇAIS, À 40 CENTIMES.

ATHALIE, tragédie en 5 actes
ANDROMAQUE, tragédie en 5 actes.
L'AVARE, comédie en 5 actes.
LE BARBIER DE SÉVILLE, comédie en 4 actes.
BRITANNICUS, tragédie en 5 actes.
CINNA, tragédie en 5 actes.
LE CID, tragédie en 5 actes.
LE DÉPIT AMOUREUX, comédie en 2 actes.
L'ÉCOLE DES FEMMES, comédie en 5 actes.
LES FOLIES AMOUREUSES, comédie en 3 actes.
HAMLET, tragédie en 5 actes.
LES HORACES, tragédie en 5 actes.
IPHIGÉNIE EN AULIDE, tragédie en 5 actes.

LE MARIAGE DE FIGARO, comédie en 5 actes.
MAHOMET, tragédie en 5 actes.
LA MORT DE CÉSAR, tragédie en 5 actes.
LE MISANTHROPE, comédie en 5 actes.
LA MÈRE COUPABLE, comédie en 3 actes.
MÉROPE, tragédie en 5 actes.
LA MÉTROMANIE, comédie en 5 actes.
LE MALADE IMAGINAIRE, comédie en 3 actes.
OTHELLO, tragédie en 5 actes.
PHÈDRE, tragédie en 5 actes.
POLYEUCTE, tragédie en 5 actes.
LE TARTUFE, comédie en 5 actes.
ZAÏRE, tragédie en 5 actes.

Pièces nouvelles.

A 50 CENTIMES.

LE CHEVALIER D'HARMENTAL, drame en 5 actes, par Alex. Dumas et Auguste Maquet.

LA GUERRE DES FEMMES, dr. 5 actes, *idem*.

LE CONNÉTABLE DE BOURBON, drame en 5 actes.

LE COMTE HERMANN, dr. 5 actes, Alex. Dumas.

LE MOULIN DES TILLEULS, op.-com. en 1 acte.

BLANCHE ET BLANCHETTE, dr.-vaud. en 5 actes.

LES CHERCHEURS D'OR, drame en 5 actes.

LE PIED DE MOUTON, féerie.

BONAPARTE OU LES PREMIÈRES PAGES D'UNE GRANDE HISTOIRE, en 5 actes.

LES QUATRE COINS DE PARIS, vaud. en 4 actes.

CAMILLE DESMOULINS, drame en 5 actes.

URBAIN GRANDIER, drame en 5 actes, par MM. Alex. Dumas et Aug. Maquet.

MONCK, ou le Sauveur de l'Angleterre, 5 actes.

DEUX ANGES OU MÈRE ET FILLE, c.-v. en 3 a.

LES CHEVALIERS DU LANSQUENET, dr. 5 actes.

LA MISÈRE, drame en 5 actes.

MAURICE ET MADELEINE, c.-v. en 3 actes.

PAULINE, drame en 5 actes.

RADIGEON 1er, vaudeville en 2 actes.

PRUNEAU DE TOURS, vaudeville en 1 acte.

ENTRE L'ENCLUME ET LE MARTEAU, v. 1 acte.

CRAVATE ET JABOT, com.-vaud. en 1 acte.

UNE DISCRÉTION, comédie en 1 acte en prose.

LA CHASSE AU CHASTRE, fantaisie en 3 actes, par Alexandre Dumas.

LES FRÈRES CORSES, drame en 3 actes.

LES RUBANS D'IVONNE, comédie en 1 acte.

LA FAMILLE DU MARI, comédie en 3 actes.

LE SAC A MALICES, féerie en 3 actes.

LES DEUX AMOUREUX DE LA GRAND'MÈRE, comédie-vaudeville en 1 acte.

A 25 CENTIMES.

LA VIE DE NAPOLÉON, récit en un acte.

LA DERNIÈRE NUIT D'ANDRÉ CHÉNIER, monologue en un acte.

UNE VISION DU TASSE, monologue 1 acte en vers.

JEANNE D'ARC EN PRISON, monologue.

LE CONGRÈS DE LA PAIX, vaudeville en 1 acte.

LE TREMBLEUR, comédie-vaudeville en 2 actes.

LA MORT DE GILBERT, monologue en vers.

UNE MAUVAISE NUIT EST BIENTOT PASSÉ comédie-proverbe.

UNE BONNE FILLE, comédie-vaudeville en 1 acte.

LA FACTION DE M. LE CURÉ, vaudev. en 1 acte.

LA CHUTE DES FEUILLES, proverbe en 1 acte.

LE CACHEMIRE VERT, 1 acte, Alex. Dumas, et Eugène Nus.

LA CUISINIÈRE BOURGEOISE, vaudeville en 2 actes.

CAMILLE DESMOULINS, monologue dramatique.

LES CHERCHEUSES D'OR, folie-vaudeville.

AH ! QUE LES PLAISIRS SONT DOUX ! vaudeville.

L'AUBERGE DE SCHAWASBACH, pièce en 1 acte, par M. Alex. Dumas.

CHATTERTON, monologue.

LE ROSSIGNOL DES SALONS, vaudeville en 1 acte.

PAILLASSE, drame en 5 actes, de MM. Dennery et Marc Fournier. 60 cent.

JENNY L'OUVRIÈRE, drame en 5 actes, de MM. Decourcelle et J. Barbier. 60 cent.

HORACE ET LYDIE, comédie de PONSARD, jouée par Mlle Rachel. Prix, 1 fr. 50.

FRANÇOIS LE CHAMPI, comédie en 3 actes, en prose, par Mme GEORGES SAND. Prix, 1 fr. 50 c.

Shakspeare. Œuvres complètes, traduction de BENJAMIN LAROCHE, deux volumes gran in-8°, à deux colonnes, avec gravures . . . . 20 »

LE MÊME, sans gravures . . . . 16 »

Schiller. Œuvres dramatiques, traduction de M. DE BARANTE, n grand volume in-8° à deux colonnes, avec gravures . . . . 8 »

LE MÊME, sans gravures . . . . 6 »

Picciola. par SAINTINE, édition illustrée par TONY JOHANNOT et NANTEUIL, un beau volume avec gravures et vignettes sur bois . . . . 9 »

Galerie des Femmes de Walter Scott. Kepsake contenant les portraits des Héroïnes de Walter Scott, gravés sur acier par les premiers artistes anglais, avec texte par ALEX. DUMAS, F. SOULIÉ, JULES JANIN, E. SOUVESTRE, L. REYBAUD, MICHEL MASSON ; Mmes ANCELOT, TASTU, DESBORDES VALMORE, VOYARD, BELLOC et COLLET. n beau volume in-8°, imprimé avec luxe . . . . 20 »

Paris. — Imprimerie Dondey-Dupré, rue Saint-Louis, 46, au Marais.

www.ingramcontent.com/pod-product-compliance
Lightning Source LLC
Chambersburg PA
CBHW051359050726
47595CB00006B/2624